AF500842

EXPOSITION DES BEAUX-ARTS.

## OUVRAGES DU MÊME AUTEUR

### POÉSIE.

DÉLASSEMENTS POÉTIQUES D'UN ARTISTE (1849). — 1 vol. in-12.

### BEAUX-ARTS.

SALON DE 1834. — 1 vol. in-12.

SALON DE 1835. — Brochure in-12.

SALON DE 1837. — Brochure in-12.

SALON DE 1839. — Brochure in-12.

SALON DE 1845 (SCULPTURE). — Brochure in-12.

SALON DE 1852. — Brochure in-12.

SALON DE 1853. — Brochure in-12.

EXPOSITION UNIVERSELLE DE 1855 (*les Artistes et les Industriels du département du Nord*). — Brochure in-12.

SALON DE 1857. — 1 vol. in-12.

SALON DE 1859. — 1 vol. In-12.

---

VIENT DE PARAITRE :

PROJET DE TOMBEAU POUR L'EMPEREUR NAPOLÉON Ier. Cet Album, dont l'Empereur Napoléon III a daigné agréer la dédicace, est composé de cinq planches précédées d'une Lettre à l'Empereur, d'une Description du Projet et d'un Historique du Concours ouvert en 1841 pour le Monument à ériger sous le dôme des Invalides.

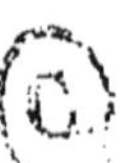

# EXPOSITION

DES

# BEAUX-ARTS

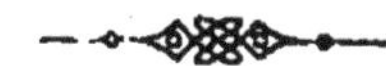

## SALON DE 1861

PAR

LOUIS AUVRAY

STATUAIRE

DIRECTEUR DE LA REVUE ARTISTIQUE

PARIS

AUX BUREAUX DE LA REVUE ARTISTIQUE

RUE BRÉA, 5, FAUBOURG SAINT-GERMAIN.

1861

*A Monsieur Beauvais, Notaire*
*à Valenciennes*

MON CHER CONCITOYEN,

Si, depuis dix ans, il ne m'a plus été possible de revoir notre mère patrie, vous savez que, quelles que soient les circonstances qui me tiennent éloigné d'elle, son souvenir est toujours présent à ma pensée.

Cette dédicace sera pour vous, mon cher concitoyen, une nouvelle preuve que j'ai la mémoire du cœur, que je n'oublie pas l'intérêt qu'en tout temps vous m'avez témoigné, et j'espère que vous retrouverez partout dans ce volume cet amour des arts et ce patriotisme que vous vous êtes plu à me reconnaître.

Veuillez donc agréer ce simple témoignage d'amitié de votre tout dévoué.

LOUIS AUVRAY.

# AUX ARTISTES

—

Nos Revues des Expositions des Beaux-Arts ont eu presque toujours la faveur de paraître en même temps dans plusieurs feuilles artistiques ou politiques.

Cette année, nos articles sur le Salon ont été publiés dans la *Revue artistique et littéraire* et dans l'*Europe artiste* avant d'être tirés à part pour former le présent volume.

C'est là une publicité que les artistes sauront apprécier. Ceux qui ne pourraient se procurer notre brochure trouveront à la direction de la *Revue artistique* et à celle de l'*Europe artiste* les numéros dans lesquels sont mentionnés leurs travaux.

# SALON DE 1861.

## I

La quatre-vingt-neuvième Exposition. — Le jury. — Les refus. — Réformes proposées. — Loterie de l'Exposition. — Brochure de M. Maret-Leriche. — Les délais de faveurs. — Visite de Leurs Majestés avant l'ouverture du Salon. — Distribution des salles. — Nouveau mode de classement des ouvrages. — MM. de Nieuwerkerke et de Chennevières. — Trois Expositions en même temps.

Paris a ouvert la quatre-vingt-neuvième de ses Expositions des Beaux-Arts, qui ont eu lieu dans le salon de l'Académie, puis au Palais-Royal, ensuite au Louvre, et maintenant dans le palais des Champs-Élysées construit pour cet usage.

C'est la France, ce pays des heureuses initiatives, qui, la première entre toutes les nations modernes, a eu l'idée d'instituer des Expositions périodiques lesquelles ne tardèrent pas à devenir universelles comme l'attestent les catalogues où l'on rencontre les noms d'artistes étrangers qui envoyaient leurs ouvrages à ces concours, et prenaient, en frères, leur part des récompenses décernées à la fin de chaque Salon.

Le livret de 1861 compte 298 ouvrages de plus que celui de 1859. Le nombre des œuvres exposées est de 4,102, savoir : 3,166 peintures ; 515 sculptures ; 237 gravures : 84 lithographies ; 115 projets d'architectures et 5 photographies. On nous a affirmé que le chiffre des ouvrages envoyés au jury avait été de plus de 9,000. Ce serait donc plus de 4,898 qui auraient été refusés. C'est énorme ! Aussi les récriminations contre le jury ne sont pas moins nombreuses cette année qu'aux précédentes Expositions. Il y a des refus regrettables que tout le monde déplore. Mais chose étrange ! ce ne sont pas les victimes d'erreurs involontaires ou de haines personnelles, qui crient le plus haut, ce sont surtout les médiocrités qui font le plus de tapage. Un de ces derniers, nous assure-t-on, après avoir porté plainte au ministre d'État, s'en être pris au directeur des Musées, est allé frapper à la porte de M. Ingres et lui dire qu'il n'aimait pas sa peinture, qu'il la trouvait détestable. — « Ma foi, mon cher monsieur, aurait répondu l'illustre artiste, je n'en pourrais pas dire autant de la vôtre, car je ne l'ai jamais *remarquée*, et quant à la décision du jury, j'en suis innocent, puisque l'état de ma santé me retient chez moi. »

Nous l'avons déjà dit, et nous le répétons, le jury doit commettre des erreurs; il ne peut examiner avec attention, en quinze ou seize séances, de quatre à cinq heures, les 9,000 ouvrages envoyés par les artistes. Ce défilé de toiles peintes dans tous les tons doit fatiguer la vue au point de ne plus discerner les couleurs, de ne plus avoir conscience de la forme. On n'arrivera à des jugements vraiment sérieux qu'en rendant les travaux du jury plus faciles, en restreignant le nombre des ouvrages soumis à son examen. Pour cela, il n'y a qu'un seul moyen : étendre les exemptions, ne plus soumettre au jury les œuvres d'artistes ayant obtenu, soit une médaille de deuxième classe, soit une de troisième classe ou une mention honorable. La besogne étant ainsi diminuée des deux tiers, le jury pourrait alors seulement juger consciencieusement et ne plus commettre de ces erreurs incompréhensibles qu'il regrette, tant elles sont funestes aux artistes qu'elles frappent. Cette mesure serait accueillie aussi favorablement du jury que des artistes.

Il est une autre réforme qui est réclamée, et par le jury et par les artistes. Pourquoi les peintures d'un sculpteur décoré, et les sculptures d'un peintre médailliste de première classe, sont-elles exemptées de passer au jury ? Si un peintre peut être aussi un sculpteur de mérite, si un sculpteur peut se montrer peintre de talent, ne peuvent-ils pas cependant, le peintre, faire de détestables sculptures, le sculpteur, d'affreuses peintures ? Nous en avons eu la preuve, et c'est pour cela qu'on demande qu'un artiste ne soit exempté du jury que pour le genre dans lequel il a été récompensé.

Un point qui préoccupait beaucoup d'artistes, principalement les peintres de genre et les paysagistes, c'était de savoir si le Salon de 1861 aurait sa loterie artistique. Nous avons démontré dans notre *Revue du salon de* 1859 toutes les bonnes raisons que devait avoir l'Administration pour continuer cet auxiliaire indispensable des Expositions artistiques. Puis on se demandait quel effet avait produit la brochure que M. Maret-Leriche, ex-attaché au ministère des finances, a dédiée à S. Exc. le ministre d'État et à M. le directeur général des musées, et publiée sous ce titre : *De l'avenir financier des Expositions nationales des Beaux-Arts sous le règne de Napoléon III.*

C'est un travail intéressant, consciencieux, d'une intention louable, mais c'est l'œuvre d'un habile financier, d'un économiste, c'est-à-dire de ce qu'il y a de plus opposé au sentiment artistique. Sans réfuter ici les parties d'un système qui nous paraissent impossibles à mettre en pratique, que M. Maret-Leriche nous permette de rester artiste, et, comme tel, de lui répondre que vouloir imposer un droit d'entrée, *sans exception aucune*, non-seulement à nos expositions périodiques, mais encore à nos musées nationaux, c'est, pour quelques pièces de cent sous, méconnaître et le but utile de ces institutions et le caractère libéral et généreux de la nation française. Mon Dieu! laissons donc à chaque peuple son génie distinctif! Que telle nation soit libre de ne verser son sang et ses trésors que pour des intérêts mercantiles, puisque c'est là son tempérament; mais que notre patrie soit longtemps encore, qu'elle soit toujours assez riche pour payer sa gloire et secourir toutes les infortunes; que la France conserve toujours ses nobles traditions, qu'elle soit toujours, comme aujourd'hui, à la tête des nations qui marchent vers la civilisation.

Le livre de M. Maret-Leriche nous prouve qu'il n'a pas voyagé, qu'il n'a pas vu, de ses yeux vu. Mais ne s'est-il jamais demandé pourquoi l'Art français occupe la première place dans le monde? Pourquoi, à l'étranger, nos pièces dramatiques, mal traduites, mal interprétées, défrayent presque à elles seules toutes les scènes du vieux et du nouveau monde? Pourquoi dans les cabinets de lecture, dans les salons, partout en Europe, on ne rencontre guère que les livres français ou leurs traductions? Cela tient à l'esprit sagement, mais sincèrement libéral de la France. La pensée de gain, de spéculation, étouffe tout sentiment, tout dévouement; on calcule ce que coûtera et ce que pourra rapporter un service avant de le rendre; on n'est plus patriote que par la crainte de pertes commerciales, que pour conserver sa position sociale. Les travaux de l'esprit, de l'imagination, ne sont point cultivés par les nations descendues à ce degré de bassesse, car le talent et le génie mènent si souvent à la misère !... Si M. Maret-Leriche avait couru un peu le monde, il aurait été surpris en voyant si peu de Français résider à l'étranger, tandis que des milliers d'individus, partis de tous les coins de la terre, arrivent s'établir en France. Ce n'est pas seulement parce que nulle part ailleurs, pas même en Angleterre, on ne jouit, comme chez nous, de cette liberté et de cette égalité avec des garanties de sécurité complètes, ni parce que, quelles que soient la foi et la condition sociale de chacun, les droits, en France, sont les mêmes pour tous, c'est surtout l'attrait des plaisirs et les moyens d'instruction mis à la portée de toutes les positions, les écoles, les musées, les collections scientifiques et artistiques ouvertes *gratuitement* à tous.

Comment! l'Etat multiplie partout les écoles gratuites, et il irait fermer aux masses populaires l'entrée des collections, qui sont des écoles du goût, de ce goût qui donne la suprématie à tous les produits de l'industrie française ! Oh ! non, cela ne se peut pas. Ce serait contraire au progrès et à la dignité du pays. Le désir de procurer de nouvelles ressources aux artistes est un sentiment qui honore M. Maret-Leriche ; mais en voulant trop obtenir, il atteindrait le résultat contraire. L'Administration l'a reconnu comme nous, et le règlement de l'Exposition, inséré au *Moniteur* du 26 avril, est venu nous rassurer. Il y aura une loterie comme au dernier Salon, et chaque dimanche l'entrée de l'Exposition sera gratuite.

Si le jury s'est montré sévère, de son côté l'Administration a maintenu avec fermeté l'article du règlement relatif au jour fixé pour la remise des ouvrages destinés au Salon. De sorte que beaucoup d'artistes, qui comptaient comme nous sur un délai de faveur, ont été dans l'impossibilité d'être en mesure d'exposer; ce qui ne nous empêche pas d'approuver cette conduite, parce qu'à l'avenir tout le monde se tiendra pour averti, et sera prêt pour le terme de rigueur. Plus heureux que les sculpteurs, plusieurs peintres ont pu envoyer leur tableau inachevé et aller le terminer dans les salles de l'Exposition. Cette circonstance a été favorable à quelques-uns. Dans une visite inattendue de l'Empereur et de l'Impératrice, MM. Pils, Beaucé et Houssot ont reçu les compliments de Leurs Majestés, qui s'étaient arrêtées devant leurs toiles.

Quant à la distribution intérieure du palais consacrée à l'Exposition, elle est absolument la même que celle de 1859; cependant les cloisons de séparation des salles sont moins élevées, et, par conséquent, les tableaux placés moins haut et mieux vus. C'est là une excellente mesure dont il faut savoir gré à M. le comte de Nieuwerkerke, directeur des Musées, et à M. le marquis de Chennevières, ordonnateur des Expositions. Nous les félicitons aussi d'avoir classé les tableaux dans l'ordre alphabétique du nom de leurs auteurs, ce qui a le double avantage de rendre les recherches plus faciles et de répandre l'intérêt dans toutes les salles en y éparpillant les œuvres des maîtres qu'on agglomérait autrefois dans une seule salle.

Enfin, cette année, trois expositions tiendront en

même temps aux Champs-Élysées, et le visiteur pourra passer du salon des beaux-arts à l'exposition de photographie (non gratuite); puis de celle-ci entrer à l'exposition permanente et gratuite des produits de l'Algérie.

---

## II

### LE SALON D'HONNEUR.

Le Salon d'honneur de 1808 et celui de l'Exposition actuelle. — MM. Yvon, Pils, Bellangé, Couverchel, Philippoteaux, Protais, Rigo, De Neuville, Armand-Dumaresq, Charpentier, Devilly, Janet-Lange, Paternostre, Muller, Landelle, Ginain, Houssot, Perrin, Flandrin, Hébert, Dubufe, Beaucé, Pichat, Larivière, Lépaule, Cabanel, Cornilliet. — De Pommayrac. — Hardtmuth. — Coubertin.

De l'avis général des artistes, le Salon de 1861, comptera parmi les plus remarquables. Les œuvres de mérite dispersées dans chaque salle répandent partout l'attrait et l'intérêt. Puis on a eu l'heureuse idée de ne plus mettre, au centre des salles, des sculptures qu'on ne pouvait voir, attendu qu'elles étaient entourées de divans toujours occupés de visiteurs fatigués. Les sculptures sont réunies dans la galerie du pourtour de la nef ou dans le jardin qui est dessiné de manière à recevoir beaucoup de sujets et à permettre de les voir sur toutes les faces.

L'Académie des Beaux-Arts qui, autrefois, faisait à elle seule les honneurs du Salon, n'est représentée à celui-ci que par quatre de ses membres : MM. Flandrin et Schnetz pour la peinture, M. Martinet pour la gravure, et M. de Nieuwerkerke pour la sculpture. Que les temps sont changés !...

Le Salon-Carré ou Salon d'Honneur a beaucoup d'analogie avec celui de l'Exposition de 1808 ; comme lui il est presque entièrement occupé par des toiles représentant des faits de l'histoire contemporaine. Le Salon-Carré, en 1808, pour ne citer que les meilleurs tableaux, contenait : la Bataille d'Eylau, le Portrait du roi de Westphalie et celui du général Lasalle, par Gros ; l'Empereur pardonnant aux révoltés du Caire, par Guérin ; la Bataille d'Austerlitz, le portrait de l'Impératrice, celui de la Reine de Hollande et celui de la Reine de Naples, par Gérard ; le Couronnement et le portrait de l'Empereur, par David ; l'Empereur recevant les clefs de Vienne, par Girodet ; les Soldats du 76e de ligne, par Meynier ; l'Entrée de l'Empereur à Munich, par Taunay, etc., etc. Le salon d'honneur de l'Exposition actuelle se compose de toiles historiques, dont plusieurs aussi feront époque dans les annales de l'art. Deux artistes s'y disputent la palme, et tous deux, avec des qualités différentes, ont naturellement leurs partisans et leurs détracteurs. Nous ne nous ferons pas l'écho de toutes ces clameurs aussi injustes que passionnées; elles rappellent celles qui, dans le monde et dans la presse, accueillaient autrefois les œuvres d'Horace Vernet qu'on traitait de *barbouilleur d'enseignes.* Aujourd'hui c'est le tour de M. Yvon, et dans trois à quatre ans ce sera (nous le lui souhaitons) celui de M. Pils. Ce qu'il y a de certain, c'est que nous comptons deux bons peintres de batailles de plus, et qu'au nom de notre Horace Vernet, nous pouvons ajouter ceux de MM. Yvon et Pils.

La Bataille de Solférino, exposée par M. Yvon, est la plus grande page de ce Salon. L'Empereur occupe le centre de la composition; derrière lui, à droite, sont groupés les généraux et officiers de son état-major; et du sommet du mont Fénile où il s'est placé, l'Empereur voit se développer l'action générale. Dans le lointain, sur les hauteurs, près de la tour de Solférino, les masses autrichiennes sont aux prises avec le quatrième corps, tandis que l'artillerie, placée sur un mamelon, les foudroie de ses canons rayés. Sur le premier plan, plus bas que l'Empereur et à gauche, le général Camou exécute l'ordre qu'il vient de recevoir; il lance ses voltigeurs au pas de course pour enlever la position de Solférino si opiniâtrement et si vaillamment défendue par l'ennemi. Un peu plus loin que le général Camou, le capitaine d'état-major de Plazanet gravit au galop le mont Fénile, et apporte à Sa Majesté un drapeau autrichien.

Cette grande bataille est très-clairement écrite sur la toile de M. Yvon. Le ton général est celui d'une scène éclairée par un ciel orageux, la pose de l'Empereur est simple, le geste noble n'a rien de théâtral; la physionomie est calme, énergique, ressemblante. Le cheval est fait de main de maître; la tête surtout est très-remarquable, et nous rappelle celle peinte par Vernet dans un tableau du musée de Versailles.

En face de cette peinture et comme pendant, on a placé la Bataille de l'Alma, par M. Pils. Le moment choisi par l'artiste est celui où le général Bosquet ordonne à l'artillerie de sa division de traverser la rivière de l'Alma et d'escalader ensuite les hauteurs regardées comme inaccessibles. C'est cette manœuvre hardie, exécutée avec une rapidité extraordinaire, qui a décidé du succès de la journée.

Le général Bosquet occupe le premier plan, entouré de ses turcos, puis sur les autres plans, l'artillerie franchit l'Alma en colonne par pièce (batteries Fiévet et Robinot-Marcy), dirigée par le commandant Barral. Plus loin et au centre de la composition, le maréchal Saint-Arnaud, environné de son état-major, observe tous les faits de la bataille, et dans le lointain les divisions du général Canrobert et du prince Napoléon sont aux prises avec l'armée Russe. Cette conception a la simplicité de la réalité; cette manœuvre de l'artillerie est si bien rendue, et comme mouvement et comme types militaires, qu'on croit entendre le roulement des roues et le bruit du pas des chevaux. Dans cette toile il y a tout l'espace nécessaire au développement d'une grande action militaire; les régiments, les armées peuvent y opérer sans gêne toutes les évolutions possibles. C'est une qualité que peu de tableaux de bataille possèdent, car trop souvent les troupes, les généraux y sont tellement entassés qu'on souffre de les voir étouffer, se gêner les uns les autres au point de ne pouvoir plus agir. M. Pils est un réaliste, mais un réaliste dans la véritable, dans la bonne acception, c'est-à-dire d'un dessin vrai sans être canaille (pardon de ce terme d'atelier), la nature est son guide, et hommes et chevaux ont été peints et dessinés d'après les modèles vivants pris dans nos régiments.

Autour de ces deux grandes pages viennent se grouper, dans la même salle, des tableaux du même genre, recommandables à des titres différents : Un Combat dans les rues de Magenta, par M. Bellangé père ; deux Batailles de Magenta, l'une par M. Rigo, et l'autre par M. Couverchel; les Zouaves et les Grenadiers de la Garde à Magenta, par M. Protais; le Général Forey acclamé par sa division après la bataille de Montebello, par M. Philippoteaux; les Chasseurs à pied de la Garde à la tranchée (Sébastopol), par M. de Neuville ; enfin, cinq Batailles de Solférino, par MM. Armand-Dumaresq, Charpentier, Devilly, Janet-Lange; puis, la Rentrée des Troupes de l'armée d'Italie, par M. Ginain; les Populations arrivant à

Chambéry pour voter l'annexion à la France, par M. Houssot, et l'Allée des Dames, souvenir de Plombières, par M. Perrin.

Une toile de ce Salon-Carré, qui impressionne profondément par le sujet et par le sentiment que M. Muller a su y répandre, représente Madame Mère en 1822.

Madame Lætitia, retirée à Rome, vêtue d'une robe de deuil qu'elle ne quitta jamais depuis la mort de Napoléon, est assise non loin de deux vieilles tantes occupées à lire. Elle a cessé de filer, et, contemplant le portrait en pied de l'Empereur, elle a laissé tomber quenouille et fuseau. Que de grandes et amères pensées se reflètent dans son regard! quelle noble tristesse sur les traits de cette mère d'un Empereur, du plus grand homme des temps modernes!! Ce petit tableau, l'un des meilleurs de M. Muller, est appelé à un succès égal à celui qu'a obtenu Marie-Antoinette, de Paul Delaroche.

Un autre petit tableau qui attire l'attention des visiteurs est dû au pinceau de M. Landelle; il représente l'Empereur et l'Impératrice visitant la manufacture de glaces de Chauny, au moment où l'Impératrice étame une glace. Cette scène est rendue bien simplement, avec vérité et talent.

Parmi les portraits placés dans le Salon-Carré, il en est un qui nous paraît hors ligne; il vaut les plus beaux portraits d'Ingres, tant il est parfait de dessin et de modelé. Nous voulons parler du *Portait du prince Napoléon*, par M. H. Flandrin. C'est ce que cet artiste a produit de plus intelligent et de plus remarquable, car il est impossible de voir un type mieux compris et pourtant si difficile à bien rendre. Ce chef-d'œuvre nous rappelle l'admirable *Portrait de Bertin*, exposé par Ingres en 1833 : la pose est aussi simple, aussi naturelle, la physionomie, aussi vraie, aussi vivante: mais la couleur de M. Flandrin est plus solide, son modelé moins vague. Quelle différente impression on éprouve en regardant le *Portrait de la princesse Clotilde*, par M. Hébert, un peintre de talent cependant ! Soyez donc jeune et d'un rang aussi élevé pour qu'un artiste vous représente avec le teint livide, maladif, les chairs vertes d'une cholérique et les vêtements sales et fripés d'une mendiante des Etats-Romains ! Il est des genres de talent qui ne conviennent pas aux portraits, tel est celui de M. Hébert. Cet artiste devrait faire comme M. Eugène Delacroix, renoncer aux portraits et s'en tenir aux sujets qu'il réussit, aux *Cervaroles* et autres types des malheureuses peuplades italiennes.

Si le pinceau de M. Hébert n'est pas favorable aux portraits, il n'en est pas de même de celui de M. Dubufe fils, auteur du *Portrait en pied de la princesse Mathilde*, qu'on a placé en pendant avec le triste *Portrait de la princesse Clotilde*. La chatoyante palette de M. Dubufe fils fait un contraste des plus malheureux pour M. Hébert, car si les rares partisans du système de ce dernier disent beaucoup de mal des toiles de M. Dubufe, dont le seul défaut est d'être trop séduisantes, tout le monde est d'accord pour préférer ce défaut à celui d'enlaidir et de rendre vulgaires les types les plus distingués.

Les deux portraits du Prince impérial ont été heureusement confiés à des artistes qui n'ont pas l'orgueilleuse prétention d'être des *peintres réalistes* ; ils cherchent à voir la nature telle qu'elle est réellement avec tous ses charmes. M. Yvon a représenté le jeune Prince caressant ses deux beaux chiens épagneuls, et dans le tableau de M. Pichat, le Prince impérial monte son poney favori et parcourt les allées du parc de Saint-Cloud. Dans ces deux toiles, la beauté des traits est unie à la fraîcheur du coloris.

Un des bons portraits de cette salle est celui du général Canrobert, commandant en chef l'armée d'Orient, par M. Beaucé. Il est largement touché, très-ressemblant, et la pose n'a rien de prétentieux ; aussi préférons-nous ce portrait à celui exposé par Horace Vernet en 1857. Le portrait de M. le ministre de l'agriculture est une peinture consciencieuse dans laquelle M. Cabanel s'est montré coloriste et homme de goût. Nous retrouvons tout l'éclat du coloris du pinceau de M. Larivière dans ses portraits du maréchal Niel et du maréchal Regnauld de Saint-Jean-d'Angély, destinés au Musée de Versailles. Des portraits exposés par M. Lépaule, ceux du roi Victor-Emmanuel et du général de Pontevès, mort à Sébastopol, nous paraissent les mieux étudiés, quoique peints un peu à la manière des décorateurs. Citons encore, avant de quitter le Salon-Carré, le portrait du général Espinasse, tué à Magenta, peint par M. Rigo ; le portrait du général Camou, par M. Cornilliet ; celui du général Trochu, par M. de Pommayrac, et un mauvais portrait de SS. le pape Pie IX, par M. Hardmuth, de Vienne (Autriche), près duquel, heureusement, nous retrouvons les traits du Saint-Père fidèlement reproduits dans une esquisse terminée de M. Coubertin, représentant *le Cortége pontifical à Rome.*

---

## III

### HISTOIRE. — GENRE HISTORIQUE ET PORTRAITS.

MM. Gérôme. — Baudry. — Duval-le-Camus. — Beaucé. — Bellangé père. — Bellangé fils. — Cabanel. — Landelle. — Legras. — Doré. — Anker. — Morris. — Bailly. — Zier. — Dupuis. — Winterhalter. — H. Flandrin. — P. Flandrin. — Mme Henriette Browne. — M. Cartellier. — Mlle Léonie Lescuyer. — M. Abel. — *Les peintures des sculpteurs*. — MM. Lepère et Etex. — MM. Tissot, Puvis de Chavannes, Bouguereau, Clément, Th. Maillot, Gustave Housez, Ch. Crauk, Mlle Adèle Crauk, MM. Popelin, Coroenne, G. Boulanger, Mazerolles, Lenepveu, Quecq, Bertrand, Mme Bertaut, M. Omer-Charlet.

En sortant du Salon-Carré, nous allons parcourir les autres salles de l'Exposition, et nous arrêter d'abord aux tableaux d'histoire, de genre historique, et aux portraits qui attireront le plus notre attention.

M. Gérôme, dont nous espérions voir quelques grandes pages de peinture d'histoire, comme son esprit élevé et original sait en concevoir, n'a exposé, cette année, que des scènes familières de l'antiquité, peintes, il est vrai, avec ce talent de dessinateur et cette science d'archéologue qu'il possède à un si haut degré. Mais comment un artiste aussi érudit, qui apporte un soin si scrupuleux dans la reproduction de l'ameublement et du costume antique, traite-t-il aussi légèrement un fait comme celui de *Phryné devant le Tribunal?* C'est là une page d'histoire à la manière d'Alexandre Dumas, tracée pour amuser les désœuvrés et les esprits frivoles. Tous ces vieillards, qui composent l'aréopage devant lequel Phryné est présentée nue, la regardent avec une expression de curiosité et d'étonnement qui nous rappelle l'ébahissement d'un bourgeois entrant dans nos ateliers et s'y trouvant en face d'un modèle tout à fait nu. Il ne devait, il ne pouvait en être de même pour les vieillards de la Grèce antique, où hommes et femmes étaient à peine vêtus, et où par conséquent, dès l'enfance, l'œil était habitué aux nudités. La beauté de Phryné n'a dû produire sur eux qu'une impression, celle de l'admiration. Il faut dire qu'en restant dans l'étroite limite de la vérité historique, l'artiste n'offrait aucun des contrastes comiques qui assurent le succès de sa composition aux yeux d'un public qui n'y regarde pas de si près.

Une autre composition dont le succès n'est pas obtenu aux dépens de la vérité, mais bien, au contraire, à cause de la vérité du sujet, c'est celle que M. Gérôme intitule ainsi : *Deux augures n'ont jamais pu se regarder sans rire.* Quelle finesse, quelle expression profondément rusée dans la physionomie de l'augure qui rentre, et qui raconte à son confrère les balivernes qu'il vient de débiter à la crédulité des fidèles ! Il paraît qu'elles sont par trop drôles, car l'augure, qui les écoute, rit à s'en tenir les côtes, et il rit de si bon cœur, que ce rire gagne tous ceux qui regardent cette petite toile.

Le troisième tableau du même artiste, *Socrate venant chercher Alcibiade chez Aspasie*, est une composition sagement conçue et savamment exécutée, mais qui manque d'originalité. Nous lui préférons le *Hache-paille égyptien;* il a du moins un cachet pittoresque qui intéresse. Mais des six toiles exposées par M. Gérôme, le tableau qui nous paraît le plus complet, c'est *Rembrandt faisant mordre une planche à l'eau-forte.* Ici, l'artiste a changé sa manière pour prendre celle du maître dont il retraçait l'image, et nous produire une œuvre digne de Rembrandt, par la finesse des détails et par la transparence du clair-obscur. Dans le portrait en pied de *Rachel*, on retrouve les qualités de la grande peinture historique que nous voudrions voir plus cultivée par cet artiste, le seul de notre époque qui ait vraiment la tradition de l'antique.

Pourquoi la *Charlotte Corday* de M. Baudry n'impressionne-t-elle pas le public? Est-ce manque de sentiment ou d'expression? Nullement : le sentiment d'effroi de Charlotte Corday, après avoir frappé Marat, est un sentiment naturel et bien rendu. C'est le ton généralement coquet, propret, brillant du tableau qui ne convient pas au drame et qui tue son effet. La couleur en est si gaie, qu'au premier aspect on est obligé d'y regarder à deux fois pour s'assurer du sujet. M. Baudry a manqué d'art et de poésie; il avait cependant de quoi s'inspirer dans les maîtres qui ont traité ce sujet avant lui. Des cinq portraits du même artiste, deux sont très-beaux; ce sont ceux de *M. le baron Dupin* et de *M. le marquis B. C. de La F.* — A notre avis, celui de *M. Guizot* n'a pas assez de caractère e surtout pas assez d'expression.

M. Duval-le-Camus s'est montré plus poëte; il a mis plus d'art dans ses tableaux que M. Baudry dans sa *Charlotte Corday;* la lumière est bien ménagée, elle a bien le sombre mystérieux qui convient à un sujet comme celui de *Jacques Clément*, ce moine assassin du roi Henri III et dont on a presque fait un saint. Il en est de même de l'effet du tableau représentant *Macbeth chez les Sorcières.* Ce qui prouve que ces effets ont été raisonnés et obtenus avec intention par M. Duval-le-Camus, c'est que trois autres charmants petits tableaux : *Les Adieux,* — l'*Aumône de la mer,* — *Trois Cruches à une Fontaine*, sont d'un aussi riant aspect que les premiers sont sinistres et dramatiques.

Tous les tableaux de bataille n'ont pu être placés dans le Salon-Carré. Nous en rencontrons plusieurs encore qui méritent que nous nous en occupions.

C'est d'abord la *Bataille de Solférino*, par M. Beaucé, l'une des mieux comprises de toutes celles exposées. Les mouvements stratégiques y sont complétement développés. Dans le lointain, on aperçoit la garde impériale et le 1er corps d'armée qui enlèvent, sous les yeux de l'Empereur, les hauteurs de Solférino. Au centre du tableau, c'est la ferme de Casa-Nuova, un des points d'appui de l'ennemi, qui concentre tous ses efforts vers cette position attaquée par la division Vinoy, du 4e corps commandé par le maréchal Niel. A gauche, l'artillerie de cette division, placée en batterie sur la route de Castiglione, sous les ordres du général Soleille, foudroie les bataillons ennemis amoncelés, paralyse l'effet de la cavalerie autrichienne, tandis que les Croates sont repoussés par une charge du 2e hussards, sous les ordres du général Clérambault. Le prince Windisch-Graets, colonel du 3e autrichien, s'avance à la tête de trois colonnes d'infanterie; il est tué, le drapeau de son régiment pris et ses troupes repoussées par le 6e bataillon de chasseurs à pied, le 86e de ligne et un bataillon du 76e, et de brillantes charges fournies par les chasseurs d'Afrique, sous les ordres du général Desvaux. A ce moment suprême de la bataille, un orage vient mettre fin à la lutte, en cachant les Autrichiens qui battent en retraite et échappent au corps d'armée du maréchal Canrobert qui allait les écraser.

M. Beaucé, dont nous avons cité plus haut le beau portrait du général Canrobert, a su jeter l'intérêt dans les diverses parties de sa composition sans nuire à l'unité de l'action. Sa couleur est solide et sage; les troupiers et les chevaux, on le sent, ont été peints d'après nature, ainsi que le lieu où s'est donnée cette mémorable bataille.

Viennent ensuite deux toiles de M. Bellangé : *un*

*Carré d'infanterie républicaine repoussant une charge de dragons autrichiens* (1795), traité avec l'habileté de ce maître, et *les Deux amis* (Sébastopol 1855), petite composition qui impressionne profondément. Les Russes ont fait une sortie, qui a été repoussée. Mais, dans le combat, deux officiers de zouaves, deux amis, ont été tués. Ils ne s'étaient jamais quittés : ensemble ils avaient grandi au collége, ensemble ils s'étaient engagés, ensemble ils sont tombés au champ d'honneur, côte à côte, se défendant, se protégeant l'un l'autre et faisant payer cher leur mort, si l'on en juge par les nombreux cadavres russes qui les entourent.

Et tels avaient vécu les deux jeunes amis,
Tels on les retrouvait dans le trépas unis.

Nous devons appeler l'attention sur les débuts de M. Bellangé fils, que nous voyons apparaître pour la première fois, et dont les deux tableaux, *la Garde à Magenta* et *Un Episode de Magenta*, annoncent un digne successeur au talent si populaire de M. Bellangé père.

M. Cabanel, déjà cité pour son portrait du *Ministre de l'Agriculture*, a encore deux autres portraits, puis une *Marie-Madeleine*, un *Poëte florentin*, et une *Nymphe enlevée par un Faune*. Cette dernière composition, la plus importante, est d'une excellente couleur ; le torse de la femme est très-beau de forme et grassement peint. Un autre artiste, cité également au précédent chapitre, M. Landelle, a exposé *les Femmes de Jérusalem captives à Babylone*, grande page d'un sentiment élevé, d'un dessin correct et élégant, qui rappelle les peintures d'Ary Scheffer. Mais un peintre qui rappelle davantage ce maître, c'est M. Legras qui, si nous avons bonne mémoire, avait un des meilleurs tableaux religieux du Salon de 1859, *la Vierge quittant le sépulcre, soutenue par saint Jean.* On retrouve la couleur, la finesse du contour, le sentiment doux, mélancolique de Scheffer dans *la jeune Fille aux oiseaux*, et surtout dans la *Tête d'étude*, qui porte le numéro 1896. M. Legras a encore un très-beau *portrait de madame la comtesse de Contade*, aux traits corrects, aux mains fines et distinguées.

*Dante et Virgile dans le neuvième cercle des enfers visitant les traîtres condamnés au supplice de la glace, y rencontrent le comte Ugolin et l'archevêque Ruggieri*, grande peinture de M. Doré, qui tient de la manière de faire d'Ary Scheffer et d'Eugène Delacroix : Virgile et le Dante ont le calme de pose, la simplicité de ligne du *Faust* de Scheffer, et le groupe du comte Ugolin déchirant de ses dents le crâne de l'archevêque Ruggieri rappelle, par la vigueur du coloris et la puissance musculaire du dessin, les damnés qui rongent la barque du *Dante aux enfers*, le chef-d'œuvre de Delacroix. On retrouve dans cette composition l'énergie sauvage du talent de M. Doré.

M. Anker est aussi un peintre d'un pinceau énergique, comme le prouve son *Luther au couvent d'Erfurth*. Le grand réformateur y est représenté malade, tourmenté de doutes, et visité par le supérieur, Jean de Staupitz, qui lui donne des consolations, mais sans parvenir à dissiper ses doutes, car les traits de Luther montrent qu'il est toujours en proie aux mêmes préoccupations. Ce sujet est traité avec cette simplicité vraie qui caractérise le talent de M. Anker, qualité qu'on rencontre encore dans son portrait d'enfant, intitulé : *Convalescence.*

*Louis XI consultant son astrologue Galeotti sur le succès de l'expédition confiée à Quentin Durward*, est une peinture de M. Morris, qui se recommande, non-seulement par une exécution consciencieuse, une recherche historique des meubles et des costumes du temps, mais encore par un coloris plein de fraîcheur et un dessin nature. En fait d'exactitude historique dans le costume et le cérémonial de l'époque du moyen âge, citons le tableau de M. Bailly, représentant *Abélard au concile de Sens* (1140), où saint Bernard portait la parole et auquel le roi et sa cour assistaient. La mise en scène est splendide et bien ordonnée ; les nombreux personnages de cette composition sont groupés avec art et sans confusion, ce qui était un écueil difficile à éviter. Signalons aussi deux tableaux religieux sagement composés et étudiés avec soin : l'*Apparition de Jésus à Marie Madeleine*, par M. Zier, et le *Dernier sermon de Jésus sur la montagne*, par M. Dupuis.

Nous voici en face du plus joli portrait de l'Exposition. Rien de plus pur que les lignes de ce profil peint dans le clair-obscur ; rien de plus doux que ce regard, de meilleur que cette expression de bonté ! Ce portrait, dû à l'habile pinceau de M. Winterhalter, est celui de l'impératrice Eugénie. L'artiste, en ne retraçant dans cet ovale que le buste de Sa Majesté, a su trouver un charmant effet de lumière à la Rembrandt.

Bien que nous nous soyons déjà occupé de M. Hippolyte Flandrin, auteur du portrait du Prince Napoléon, nous ne pouvons passer sans nous arrêter devant quatre autres portraits de cet artiste, dont un de jeune femme qu'on a oublié de porter au catalogue. Les caractères sont toujours très-clairement tracés dans les portraits de M. H. Flandrin. Celui de *M. le comte Duchâtel*, ancien ministre, a bien la tenue, l'expression d'un homme qui a dirigé pendant longtemps les affaires publiques. Quant à celui de *M. Gatteaux*, c'est bien là son regard pénétrant, son sourire un peu moqueur; c'est à se croire chez cet artiste, en pleine causerie intime. Nous connaissons peu de portraits aussi vivants, si ce n'est cependant celui de *Mme la baronne H...* exposé par M. Paul Flandrin, le paysagiste, frère du précédent, et dont le talent de portraitiste est tel que tout le monde confond ses toiles avec celles de son frère, et que nous-même nous avons souvent recours au livret pour ne pas attribuer à Hippolyte ce qui est à Paul Ainsi, cette année, le portrait de Mme la baronne H... a toute la pureté du dessin, la finesse du modelé, la vérité de physionomie de ceux de M. H. Flandrin, et nous nous demandons pourquoi M. Paul Flandrin ne s'adonnerait pas, comme son frère, à la peinture historique. Est-ce parce qu'il a un goût prédominant pour le paysage? Est-ce par un sentiment de convenance, pour éviter tout esprit de rivalité entre lui et son frère? Nous l'ignorons; mais, dans tous les cas, cet artiste compte parmi nos bons portraitistes, comme il est placé au premier rang des peintres de paysages historiques.

Un portrait des plus remarquables sous le rapport de la vérité du modelé et de la puissance du coloris, c'est celui de *M. le baron de S...*, par Mme Henriette Browne. Cette tête est vivante, tant il y a d'expression dans le regard, d'animation dans les traits. Certes, à la manière franche dont cette peinture est touchée, on ne la croirait jamais l'œuvre d'une dame, si la signature n'était là pour le dire.

Mlle Léonie Lescuyer a aussi un talent mâle; son pinceau est hardi, son coloris vigoureux, et si un reproche pouvait lui être adressé, ce serait de négliger un peu les finesses du modelé. Ainsi la couleur du portrait de *Mlle Céronetti* a de l'éclat, de la fraîcheur; c'est largement peint, mais en sacrifiant un peu le fini que réclament ordinairement les portraits destinés à être vus d'assez près. Nous ne ferons pas ce reproche à M. Cartellier, artiste très-consciencieux, qui étudie et finit avec le plus grand soin toutes ses peintures. Son portrait de *M. L...* et celui de *Mme H. P...* en sont la preuve. La pose du premier est simple, naturelle, la tête bien modelée, l'expression heureusement rendue. Les traits de Mme H. P... sont jolis et fins, bien dessinés, bien peints; la physionomie est douce et les chairs ont bien l'éclat et la fraîcheur de la carnation d'une blonde. Ces deux toiles nous font regretter que M. Cartellier n'ait pu envoyer à l'Exposition ses *Petits dénicheurs*, charmants portraits d'enfants groupés avec goût à l'ombre d'un marronnier, considérant avec joie et curiosité le nid de fauvettes dont ils viennent de s'emparer. Ce tableau eût fait honneur à son auteur.

M. Abel (Marius), jeune artiste, qui, dès sa première exposition (1857), annonçait un bon coloriste, a deux portraits. Celui de Mme A... est d'un ton chaud qui sent les maîtres italiens, et le second portrait, celui d'un tout jeune enfant, est d'un sentiment naïf et vrai. Si nous ne nous trompons, nous avons vu, ces jours derniers, exposée rue de Rivoli, une assez grande toile de cet artiste, que, sans doute, il n'aura pu terminer pour le Salon ; elle représente l'*Annexion de la Savoie et de Nice à la France*. Cette allégorie, qui nous a paru bien composée et d'une jolie couleur, a probablement une destination officielle.

Au début de ce compte rendu, nous avons demandé, au nom de l'équité et du bon goût, que les ouvrages d'un artiste ne soient plus exemptés du jury, alors qu'ils n'appartiennent pas à la profession dans laquelle cet artiste a obtenu les récompenses qui l'autorisent à exposer sans être soumis à un examen préalable d'admission ; car, disions-nous, « si un peintre peut être également un sculpteur de mérite, si un sculpteur peut se montrer peintre de talent, ne peuvent-ils pas cependant, le peintre, faire de détestables sculptures, le sculpteur, d'affreuses peintures ? » Nous en avions eu la preuve déjà aux précédentes

Expositions, et le Salon de 1861 met encore en évidence la justesse de notre observation et la nécessité d'y faire droit.

Deux statuaires ont exposé des peintures; l'un, M. Lepère, n'a pas encore les titres d'admission libre, ni comme sculpteur, ni comme peintre, et son tableau et sa statue ont dû subir le jugement du jury qui leur a été favorable. En effet, sa *Danaé* a le double mérite de la couleur et de la forme. Mais, hélas! il n'en est pas de même de son confrère M. Etex, dont les toiles n'ont été admises qu'abritées derrière ses récompenses de sculpteur et ont échappé ainsi aux sévérités du jury. *Les Médicis*, reproduction enluminée du bas-relief en marbre qu'il a exposé en 1835, et les *Portraits de M*me *** *et de M*lle *L. M.* ne sont ni dessinés, ni peints; c'est un assemblage de tons sales et criards qui décèlent une ignorance complète des lois de l'harmonie des couleurs. M. Etex est sans doute imbu de ce préjugé moderne, que la crasse qui couvre les tableaux anciens fait l'harmonie de leur coloris. Cette opinion répandue parmi les amateurs, les brocanteurs et certains artistes, est une preuve d'ignorance chez les uns, et d'impuissance chez les autres. Ceux-ci auront beau enfumer leurs toiles à la manière des jambons, qu'elles n'en resteront pas moins croûtes comme devant.

Encore Faust et Marguerite! Nous espérions que ce sujet, traité, depuis trente ans, sur tous les tons, par les peintres, les sculpteurs, les musiciens et les auteurs dramatiques, et surtout avec un talent si supérieur par Ary Scheffer, serait descendu dans la tombe avec son illustre interprète. Pas du tout, voici M. Tissot qui nous a donné *Faust et Marguerite au jardin*, — *Marguerite à l'office*, — *Rencontre de Faust et de Marguerite*, et, pour comble, cet artiste d'un talent réel, comme peintre et dessinateur, s'est plu à singer la peinture de M. Henri Leys, cet adroit imitateur des tableaux gothiques.

M. Puvis de Chavannes, lui, a cherché à imiter les tapisseries anciennes de l'École italienne. Les deux grandes compositions qu'il appelle *Peintures murales* et qu'il intitule : *Concordia et Bellum*, ne sont, à vrai dire, que des cartons légèrement teintés. Ces deux allégories sont savamment composées et d'un goût sage, sinon sévère, et si l'artiste ne s'y est pas montré coloriste, il y a du moins fait preuve d'un dessin vrai et parfois élégant.

Les tableaux de M. Bouguereau témoignent d'un talent destiné à faire de la grande peinture ; son dessin est correct, sa couleur solide et sa manière large. A l'appui de notre opinion, nous citerons son tableau : *la Première Discorde*, c'est-à-dire, Eve et ses deux enfants. Elle presse avec tendresse sur son sein son plus jeune fils Abel, tandis que Caïn, appuyé contre sa mère, semble bouder et ruminer déjà sa vengeance, tant sa tête a une expression et un caractère prononcés. Les jambes d'Eve sont très-belles. A une époque où la science du nu était recherchée, ce tableau aurait certainement obtenu un grand succès. Si l'Eve de M. Bouguereau a le coloris frais d'une blonde, l'*Etude de femme*, envoyée de la villa Médicis par M. Félix Clément, pensionnaire de l'Académie des Beaux-Arts, a bien la carnation d'une belle brune. Cette figure d'étude est des plus remarquables; elle annonce un peintre d'un grand avenir.

Un autre pensionnaire de l'Ecole impériale des Beaux-Arts promet d'être également un bon peintre d'histoire, si le désir de succès populaires et l'appât du lucre ne le détournent point de la grande tradition de l'art pour le porter vers les compositions faciles de l'esprit et les scènes familières de la vie bourgeoise, genres qui sont à la portée de toutes les intelligences, et vers lesquels nos jeunes écrivains n'ont pas peu contribué à pousser les artistes, tout en criant aujourd'hui à la décadence des arts, à l'abandon de la grande peinture. Le tableau de M. Th. Maillot, que nous avons vu parmi les envois de Rome de 1859, représente *Saint Remy distribuant aux pauvres les restes d'un festin que d'ordinaire on abandonnait aux baladins.* La lumière qui éclaire cette scène est un peu diffuse, ce qui nuit à la vigueur de l'effet général, mais il y a là de jolis groupes et des figures bien peintes.

M. Gustave Housez est coloriste, il combine avec art ses effets de lumière; et, si ce n'est la pose un peu roide, un peu théâtrale du Christ, nous n'aurions que des louanges à donner à son tableau représentant *le Christ guérissant deux possédés*. Le coloris de M. Charles Crauk est moins chaud, moins brillant dans son *Baptême de Clovis*, et le dessin laisse aussi à désirer. Nous préférons, sous tous les rapports, *les*

*Pères Capucins du couvent de la Rédemption, à Venise, forgeant une croix*, petite toile du même artiste. Avant de nous occuper d'un autre peintre, donnons un encouragement à Mlle Adèle Crauk, sœur du précédent, et qui expose pour la première fois, à Paris. Sa *Vierge immaculée* est une étude d'un bon sentiment, qui promet pour l'avenir si cette jeune artiste veut s'attacher sérieusement à peindre d'après nature. *Le Dante victorieux rentrant à Florence après la bataille de Campaldino*, par M. Popelin, est une scène bien composée, les figures ont du caractère, la pose du Dante est noble, mais le ton général du tableau est un peu gris.

M. Coroenne a représenté la *Vision de Pierre l'Ermite*, qui, pendant son sommeil, croit voir Notre-Seigneur Jésus-Christ devant lui et lui dire : — « Debout, Pierre, et hâte-toi, car il est temps de purger les lieux saints et de secourir mes serviteurs. » Cette composition se recommande par la couleur et le dessin. Quant à l'*Hercule aux pieds d'Omphale*, de M. Gustave Boulanger, nous éviterons de nous y arrêter pour arriver à une toile mieux réussie, du même artiste : la *Répétition du* JOUEUR DE FLUTE *et de* LA FEMME DE DIOMÈDE, *chez S. A. I. le prince Napoléon, dans l'atrium de sa maison, avenue Montaigne*. Le ton de cet intérieur a de l'éclat et de la fraîcheur, la scène est bien disposée, et les personnages, Emile Augier, Théophile Gautier, Samson, Madeleine Brohan, etc., drapés à l'antique, sont des portraits très-ressemblants. C'est un tableau véritablement intéressant et exécuté avec de soin.

Nous aurions encore à analyser plusieurs grandes compositions historiques : *Eponine implorant la grâce du gaulois Sabinus son époux et de ses enfants*, par M. Mazerolles ; *la Vierge au Calvaire*, par M. Lenepveu ; *les Chrétiens sur le Bûcher* et *la Syrie chrétienne en* 1860, par M. Omer-Charlet ; *Jésus montré au peuple et insulté*, de Madame Bertaut ; *Première chute de Jésus-Christ sous la croix*, par M. Quecq ; *Conversion de sainte Thaïs*, par M. James Bertrand ; mais en présence d'une aussi grande quantité d'œuvres dignes d'intérêt, et malgré notre désir de faire ressortir le mérite du plus grand nombre des exposants, nous ne pouvons oublier le peu d'espace dont nous avons à disposer.

---

## IV

### GENRE. — PAYSAGES ET ANIMAUX. — MARINES. NATURE MORTE.

**MM. Meissonnier, Curzon, Chaplin, Mme H. Browne, MM.** Hamon, J. Breton, Brion, Marchal, Portevin, Zo, Biard, Roehn, Toulmouche, Vetter, Paul Flandrin, H. Flandrin, Français, Desjobert, Belly, Knyff, Baudit, Daubigny, Busson, Bernier, Mlle Louise David, MM. Harpignies, Courbet, Abel, A. Bonheur, d'Haussy, Mlle Lescuyer, MM. Huber, Courbet, Dauzats, Ziem, Gudin, Desgoffe, Rousseau, Valadon, Michelez, Mme Bohly, MM. Plassan, Clère, Hédouin, Mlle Lina de Weiler, MM. Sain, Léonard, Jadin, Balleroy, Le Poitevin.

Depuis l'ouverture de l'Exposition, nous attendons avec la plus vive impatience la *Bataille de Solférino*, commandée à M. Meissonnier et portée au catalogue sous le n° 2,184. Voilà que nous arrivons à la fin de l'Exposition, et ce Solférino en miniature ne paraît pas. Cette grande composition, d'une microscopique étendue, n'est-elle point terminée ou l'artiste aurait-il renoncé à la montrer au public? Espérons que non, et qu'avant la fermeture nous pourrons admirer cette toile ou plutôt ce bijoux officiel. Pour le moment, la foule entoure les cinq petits chefs-d'œuvre que M. Meissonnier a au Salon. Plaçons au premier rang le *Musicien*, dont le mouvement si difficile à rendre est si parfaitement exprimé ; puis, *le Peintre à son Chevalet*, entouré de visiteurs qui l'obsèdent, composition pleine de goût, d'esprit et de finesse ; quant au *Maréchal-Ferrant*, c'est une infiniment petite toile peinte avec une délicatesse extrême, mais d'un effet de lumière trop égale qui jette de la monotonie dans le coloris. Nous lui préférons les ravissants portraits de M. Louis Fould et de Madame H. P.

Il y a deux ans, nous exprimions le désir de voir M. Curzon se livrer à la grande peinture et y développer les belles qualités de son talent. Nous craignons que ses succès, dans un certain monde, n'arrêtent sa marche vers une voie plus difficile, mais plus élevée et plus glorieuse. Il semble que cet artiste vise à séduire, qu'il cherche l'agréable, le joli plutôt que l'élévation du style et de la pensée, et la sévère beauté des formes. *Au fond des Bois* est une charmante et spirituelle composition qui rappelle Mignard, mais elle est d'un ton un peu blafard. Le coloris de *Ecco Fiori*, souvenir des bouquetières de Naples, est plus vigoureux, plus joli. M. Curzon réussit également le paysage ; aussi le mêle-t-il souvent à ses compositions.

Un peintre que la vogue des salons grise et égare, c'est M. Chaplin, qui, s'il n'y prend garde, arrivera à faire de la peinture qui ressemblera à des aquarelles anglaises. Ce peintre a la fraîcheur et la grâce de

Boucher, mais sa touche est moins ferme, son dessin moins arrêté. Ces qualités et ces défauts se rencontrent dans les trois portraits qu'il a exposés.

Madame Henriette Browne, l'auteur des *Sœurs de Charité*, tableau que tout le monde a admiré au Salon de 1859, compte, au Salon actuel, cinq toiles qui semblent accuser deux manières de faire différentes. L'une de ces toiles porte la date de 1860; c'est le magnifique portrait dont nous avons fait l'éloge dans le précédent chapitre; il est vigoureusement peint, largement touché comme l'étaient, il y a deux ans, les ouvrages exposés par Mme H. Browne. Les quatre autres toiles de cette artiste sont d'un ton généralement froid, un peu blafard, d'un faire vague, mou, qui diffèrent entièrement des peintures de 1859, et du *Portrait de M. le baron de S.* que personne n'attribuerait à l'auteur de la *Visite* (*intérieur d'un harem*), de la *Joueuse de flûte* et de la *Femme d'Eleusis*. Ce changement dans l'exécution est-il un simple essai? Ce ton blafard et froid est-ce le ton local de la contrée visitée et reproduite par l'éminente artiste? Nous ne savons, mais ce que nous craignons, c'est qu'un talent qui a toutes les sympathies ne se fourvoie en cherchant une route nouvelle.

C'est là ce qui était arrivé à M. Louis Hamon, et l'on se souvient de son exposition de 1859. Mais aujourd'hui il se venge de cet échec avec une série de charmantes compositions, où il se montre plus coloriste que par le passé, et non moins dessinateur, non moins gracieux et spirituel qu'autrefois. Son *Escamo-*

*teur* est une conception aussi profonde que spirituelle, rendue avec une naïveté pleine de finesse. C'est l'œuvre d'un esprit observateur et philosophique. La scène est traitée d'une manière originale; l'escamoteur et sa femme sont des types vrais, saisis sur nos places publiques. Les enfants qui forment encore le cercle et les ménagères qui, après s'être amusées des lâzzis de cet homme, s'éloignent pour éviter de donner à la quête, sont des physionomies jolies et variées. Rien de plus pittoresque que l'accoutrement et de plus naturel que la pose et le mouvement de la femme de l'escamoteur en voyant fuir la foule des spectateurs vers laquelle elle s'avançait pour quêter. C'est le *Quart-d'heure de Rabelais*, comme le dit le sous-titre de ce tableau.

M. Jules Breton aime la poésie des champs; ses compositions et le ton de ses tableaux ont un profond sentiment de mélancolie qui plaît et fait rêver. Cependant, son exposition, malgré son mérite, nous paraît moins heureuse que celle de 1859. Dans son tableau intitulé *le Soir*, la femme assise sur le premier plan, entièrement plongée dans la rêverie, alors que ses compagnes regagnent sans elle le village, est beaucoup trop grande par rapport aux autres figures. Nous préférons du même auteur *les Sarcleuses* et *le Colza*, dont l'effet de lumière est plus vrai, plus harmonieux. Peut-être l'artiste a-t-il un peu trop visé au style dans la pose qu'il a donnée à la cribleuse, qui tient son tamis avec une majesté plus connue au théâtre qu'au hameau. L'*Incendie* est peint avec talent;

mais on sent que ces sortes de sujets conviennent moins à M. J. Breton que les scènes paisibles, que les simples et tendres élégies des champs reproduites aux mystérieuses clartés du crépuscule.

La vie champêtre a beaucoup d'attraits et trouve d'heureuses inspirations parmi les peintres de l'école moderne. Après M. Jules Breton vient M. Brion, qui explore de préférence les provinces de l'Alsace. *Une Noce en Alsace*, *le Repas de Noce* (*Alsace*) et le *Bénédicité* (*Alsace*) sont, pour ceux qui ont visité ces contrées, des scènes d'une vérité complète comme types, comme mœurs, comme costume et comme couleur locale. Ce peintre de genre a fait preuve de talent dans une page historique tout à fait en dehors de ses habitudes : le *Siége d'une ville par les Romains, sous J. César* (*Batterie de balistes et catapultes*). Puisque nous sommes en Alsace, signalons encore une scène rendue avec un talent incontestable par M. C.-F. Marchal : c'est un *Intérieur de Cabaret, un jour de fête, chez les paysans protestants du canton de Bouxwiller* (*Bas-Rhin*).

Avant de quitter les bords du Rhin, arrêtons-nous devant ces *Paysans badois se rendant au marché de Radstadt.* On aime à revoir, même en peinture, les pays qu'on a souvent visités, et auxquels tant de souvenirs de voyage nous attachent. Le peintre a bien saisi la couleur locale : voilà l'entrée de cette ville avec ses fortifications d'un aspect si triste ; les soldats sont sortis du poste pour voir arriver au marché les paysans des environs, les uns portant leurs produits, les autres les conduisant dans des charrettes traînées par de grands chevaux aux harnais garnis d'une multitude d'anneaux en cuivre. M. Portevin, l'auteur de ce petit tableau, a groupé avec goût tous ses personnages, surtout les paysannes montées sur la charrette. Ces petites figures sont jolies ; elles ont un cachet de vérité qui indique qu'elles ont été peintes d'après nature.

M. Achille Zo nous transporte sous le beau ciel de l'Andalousie. Son tableau : les *Gitanos du Monte-Sagrado*, acheté pour la loterie de l'Exposition, est d'une vigueur de coloris qui sent les maîtres de l'ancienne École espagnole. Sa *Famille de Bohémiens en voyage* est une jolie composition rendue avec un sentiment simple, naturel et une couleur pleine de fraîcheur et d'harmonie. Les scènes représentées par M. Biard se passent sous un ciel aussi chaud que celles reproduites par M. A. Zo, mais on ne s'en douterait pas, tant la couleur de quelques-unes de ces toiles est d'un ton froid. Des dix tableaux exposés par cet artiste, nous n'en citerons que trois : d'abord, l'*Emménagement d'Esclaves à bord d'un négrier sur la côte d'Afrique*, la meilleure des trois compositions au point de vue de la couleur et du sentiment dramatique ; puis, la *Chasse aux esclaves fugitifs*, scène horrible qui nous montre ces pauvres nègres se jetant dans le Niagara, préférant la mort à l'esclavage ; enfin, une *Vente d'Esclaves dans les Etats de l'Amérique du Sud*. Cet affreux trafic d'hommes est retracé avec la vérité d'une action à laquelle on a assisté.

Un peintre qui est peut-être, sans s'en douter, le

chef de cette école du genre gracieux si recherché, si cultivé depuis 1830, M. Roehn, dont nous avons eu bien souvent l'occasion de louer les aimables et spirituelles petites compositions, M. Roehn a conservé toute la fraîcheur de son talent; il a exposé, cette année, cinq charmants petits tableaux : *la Confidence*, — *Première Rêverie*, — *Jeune Femme faisant son Portrait*, — *la Curieuse*, — *le Repos*. C'est sur la route et les succès de cet artiste que se sont formés MM. Toulmouche, Vetter et tant d'autres. Le premier compte au Salon : *le Premier Chagrin*, — *le Sommeil*, — *la Montre*, — *le Billet*, et le second, deux tableaux seulement : *la Déclaration* et *Bernard Palissy*. Ce dernier tableau a été acheté pour la loterie de l'Exposition.

M. Plassan ne compte cette année que quatre ouvrages au Salon, mais ce sont quatre charmantes et gracieuses compositions, touchées avec une grande délicatesse de pinceau ; elles ont pour titre : *le Repas des fiançailles*, — *Une Mère*, — *la Visite au tiroir* et *la Famille*. Quant à M. Hédouin, dont nous avons eu souvent l'occasion d'apprécier le talent; il n'a exposé qu'un tableau : *les Colporteurs espagnols*, d'une couleur vigoureuse et très-harmonieuse. Le coloris de M. Clère n'est pas moins puissant; son *Jeune Pâtre dans la campagne de Rome*, — sa *Famille de Moissonneurs des environs de Rome*, et *les Femmes de Saracinesco à la fontaine*, sont largement peints et d'un dessin correct. Les trois petites toiles de Mlle Lina de Weiler : *les Orphelins du Musicien*,—l'*Oiseau malade*, et *la partie d'échecs*, sont des compositions pleines de sentiment et d'une grande finesse de couleur. Une composition qui ne manque ni de sentiment ni d'expression, c'est le tableau de M. Léonard : *Un Désespoir d'amour*. M. Sain est coloriste ; ses *Femmes basques à la fontaine*, — sa *JeuneFille basque allant à la fontaine*, et sa *Femme basque revenant de la fontaine*, ont le ton vigoureux et le caractère sévère de la beauté espagnole.

Arrêtons-nous devant une intéressante scène de famille,heureusement rendue par M. Emilio Gambogi, dans un petit tableau intitulé : *les Trois Ages*. Une grand'mère est assise dans un fauteuil, où elle s'est endormie en lisant le volume qu'elle tient encore à la main ; au fond, dans l'entrebâillement de la porte quelques enfants allant entrer avec tambours et trompettes, s'arrêtent sur un signe de leur mère. Cette composition, ainsi qu'une autre toile (*Sympathie*) du même artiste, sont remplies de charmants détails ; les poses sont naturelles et gracieuses, et le coloris d'une agréable fraîcheur. Citons encore deux autres jolis tableaux de genre, ceux de M. Persin : *la Réussite* et *la Copie*. Le dessin des figures est fin, élégant ; elles sont peintes avec une délicatesse qui rappelle la peinture de M. Toulmouche.

Il y a deux genres de paysages, le paysage historique ou paysage composé comme ceux que Poussin a laissés à notre admiration, et le paysage reproduction fidèle de la nature. Le paysage historique, qui était très en vogue avant 1830, a été presqu'entièremen abandonné depuis, et nous ne connaissons guère qu'un seul artiste qui le traite, mais qui le traite, il est vrai, avec un talent supérieur: c'est M. Paul Flandrin, dont nous avons déjà parlé comme peintre de portraits. Il a exposé *la Fuite en Egypte*, paysage qui, par la grandeur et la simplicité des lignes, rappelle ceux du Poussin.

Quant aux vues, aux reproductions vraies des sites variés de la nature, c'est un genre qui a été très-cultivé depuis trente ans et qui est arrivé aujourd'hui à un grand degré de perfection. En tête de ces amoureux de la nature, il faut placer M. Français, qui détaille, en vrai naturaliste, les premiers plans de ses tableaux. *Au bord de l'Eau, environs de Paris*, est une étude ravissante de finesse et de fraîcheur. Le faire de M. Desjobert est large, sa couleur a plus d'éclat avec autant de charme que celle de M. Français. *Sous les Pommiers* est le plus délicieux paysage qui ait été acheté pour la loterie de l'Exposition; il place M. Desjobert au premier rang de nos paysagistes. M. Knyff est un charmant peintre; son *Souvenir du Lac de Côme*, acheté pour la loterie, est un trompe-l'œil, tant l'eau est transparente, tant le feuillage est vrai. La commission de la loterie a également acheté le meilleur des tableaux exposés par M. Busson, l'*Eté de la Saint-Martin* (Touraine), d'une finesse de ton qui rappelle la peinture de M. Français. Quant à M. Daubigny, nous le voyons à regret suivre la marche qui a perdu M. Corot; être trop satisfait de lui et se contenter d'ébauches, de pochades où les masses sont à peine et grossièrement indiquées. Sa peinture a toujours été voilée, mais maintenant elle menace de devenir inintelligible. Du reste, M. Daubigny, malgré son entourage de flatteurs, a pu s'apercevoir du peu d'impression qu'ont produit ses tableaux, qui, d'ordinaire, attiraient la foule. *Un Village près de Bonnières* est le seul de ses cinq tableaux dans lequel on retrouve quelques traces du talent qu'a montré cet artiste.

Le pinceau de M. Belly est plus ferme, sa couleur plus solide dans sa *Marche d'arabe* et surtout dans le *Pèlerinage à la Mecque*, deux tableaux qui rangent cet artiste parmi nos bons peintres de paysages. M. Baudit, dont le tableau, *le Viatique en Bretagne*, a obtenu un si beau succès au Salon de 1859, expose cette année cinq paysages très-remarquables, comme exécution et comme coloris. *La Solitude en Bretagne* et le *Soleil couchant sur les bords du lac de Genève*, sont des toiles remplies de poésie. Les paysages de M. Camille Bernier sont plus riants ; ils représentent, il est vrai, des contrées méridionales : *l'Etang du Pesquier* et les *Bords du Gapeau, à Hyères* (Var), et *Un Doué, près Plougastel* (Finistère). Au contraire, les tableaux de M. Harpignies sont toujours d'un aspect terne ; il a beau se trouver sur les bords charmants de la Loire, son œil se croit toujours sous le ciel brumeux et humide de notre bonne Flandre, mais ses paysages sont étudiés, détaillés avec une conscience toute flamande.

Les paysages de Mlle Louise Pavid ramènent nos pensées vers des contrées que nous avons habitées et où nous avons laissé d'heureux souvenirs. Nous voici aux *Environs de Munich*, puis au *Lac de Tegern dans les Alpes bavaroises*, où nous nous trouvions il y a quinze ans, à pareille époque. Ces lieux sont rendu fidèlement et avec talent par Mlle Pavid, ainsi que le *Torrent dans les Alpes du Tyrol.* En fait de torrent, M. Abel Marius en représente un d'une nature bien sauvage, dans un paysage qu'il intitule : l'*Ours et ses deux Compagnons.* Cette étude est largement et vigoureusement touchée. C'est cependant un genre étranger à M. Abel, qui est peintre d'histoire et de portraits.

Quel beau talent que celui de M. Auguste Bonheur! il a la délicatesse de pinceau de sa sœur, Mlle Rosa Bonheur, avec plus de chaleur dans le coloris et plus de fermeté dans l'exécution. Il a du Brascassat et du Troyon, mais ce n'est ni l'un ni l'autre; il est lui, et les vaudra tous deux, s'il continue à produire des œuvres comme *l'Arrivée à la Foire* (Auvergne), *la Rencontre de deux troupeaux* et *la Sortie du pâturage.* M. d'Haussy est un jeune artiste qui, depuis deux ans, a fait de grands progrès, grâce à des études continuelles d'après nature. Son *Taureau du Cotentin* est étudié consciencieusement; la robe de l'animal et le paysage sont d'un coloris riche et vrai, qualités que nous retrouvons dans ses *Animaux*, *souvenirs de Normandie.* La couleur de Mlle Léonie Lescuyer a aussi de l'éclat et de l'énergie; *le Passage du Gué* est un charmant petit tableau plein de fraîcheur, et l'intérieur d'écurie que l'auteur intitule : l'*Heure du repas*, est d'un effet à la Rembrandt. Le rayon de lumière, frappe le côté du cheval blanc, est bien rendu, et l'artiste, en modérant sa verve naturelle, a mis dans ces deux ouvrages un fini qu'on lui reprochait de trop négliger. Un autre intérieur, soigneusement peint par M. Huber, c'est l'*Intérieur d'une étable* d'éleveur de veaux. Les animaux sont bien dessinés ; l'air et la lumière circulent bien partout.

Que dire de M. Courbet? qu'il s'amoindrit à chaque Exposition malgré la camaraderie dont il s'entoure, et dont les flatteries et le mauvais goût le fourvoient de plus en plus. Des cinq tableaux exposés, un seul mérite quelque attention, c'est *le Renard dans la Neige*, acheté pour la loterie. Nous félicitons la commission de cette marque d'estime donnée à un artiste de talent qui s'égare, et d'avoir prouvé ainsi qu'elle reste étrangère à tout système d'école comme à toute coterie. Quant à MM. Jadin et Balleroy, ce sont les peintres de chiens et de chasses de notre époque. Indépendamment de ses tableaux de chasse, M. Balleroy a exposé trois jolis portraits d'homme.

M. Dauzats a reproduit, avec une grande finesse de détails, *la Place de Manzanarès*, et son tableau des *Environs de Damas* est une composition agréablement animée, qui a le cachet et la couleur du pays. Les *Vues de Venise*, que M. Ziem a réunies dans un triptyque, sont également des peintures touchées avec une grande délicatesse et d'un coloris brillant. Mais personne ne rend la mer d'une manière plus splendide et plus vraie que M. Gudin qui a exposé cinq grandes marines. L'*Arrivée de la reine d'Angleterre à Cherbourg*, et *la Flotte française se rendant à Brest*, sont les plus remarquables ; dans la première toile, le soleil vient briser, avec un éclat éblouissant, ses rayons sur les flots qui ont, comme dans le second tableau, une transparence admirable, dont M. Gudin a seul le secret. Un peintre du genre maritime d'un talent bien populaire, M. Le Poitevin, a exposé six jolies toiles, dont deux achetées par le ministère d'Etat : *les Plaisirs de l'été* et *le Médecin de Campagne*, deux sujets traités avec esprit et peints avec beaucoup de soin.

Les *Agates*, les *Aiguières* de M. Blaise Desgoffe sont des trompe-l'œil qui peuvent rivaliser avec tous les chefs-d'œuvre de ce genre ; nous ne connaissons rien de plus parfait, rien de plus fini. Le fini n'est pas la qualité de M. Léon Rousseau ; son tableau de *Nature morte* est un peu traité en décorateur. M. Valadon s'est montré plus consciencieux dans sa nature morte intitulée : *le Réchaud d'argent*. Sa peinture n'est pas léchée ; cependant tout y est étudié, rendu avec vérité et une grande harmonie de couleur. Ce n'est pas l'œuvre de patience d'un trompe-l'œil ; c'est mieux que cela, c'est de l'art. *La Nature morte* de M. Michelez est aussi une excellente étude, d'une grande vérité et d'une bonne couleur. Enfin, l'*Étude de fleurs*, de Mme Marie Bohly, se distingue par la finesse des tons et la fraîcheur du coloris.

## V

### DESSINS. — AQUARELLES. — PASTELS. — MINIATURES ET ÉMAUX.

MM. Bida, P. Flandrin, Galimard, Vidal, S. A. I. la princesse Mathilde, MM. Eugène Lami, Giraud, Bellangé, Grisy, Camino, Pommayrac, David, Paul, Mme Lehaut, MM. Faivre-Duffer, Grisée, Lepec.

Les dessins sont cette année aussi nombreux et non moins remarquables qu'en 1859, et ce sont ceux de M. Bida qui tiennent encore le premier rang. Les dessins de cet artiste sont d'un fini plus parfait que celui de bien des gravures, et ils ont de plus tout l'effet, tout le moelleux d'une peinture. La composition la plus importante, la plus dramatique, c'est celle qui représente *le grand Condé à Rocroy*, au moment où « le jeune capitaine fait agenouiller toute l'armée sur le champ de bataille pour remercier Dieu. » Cette scène est imposante et composée avec un art infini. — *Le Champ de Booz à Bethléem* est une pastorale biblique, pleine de poésie, d'un sentiment calme, aussi doux que le *Massacre des Mamelucks*, autre dessin du même auteur, est énergique et émouvant.

M. Paul Flandrin, le peintre de paysage et de portraits, dont nous nous sommes déjà occupé plusieurs fois dans ce compte-rendu, a exposé cinq portraits dessinés avec une grande pureté. Celui du *Prince Napoléon* est surtout remarquable pour le caractère donné aux traits, et la simplicité, le naturel de la pose. Le grand dessin à la sanguine, envoyé par M. Galimard, l'auteur de *Léda*, est une composition qui a la chasteté des formes et la sévérité du dessin de l'école de Raphaël : il représente *la Visitation*. Nous regrettons que cet artiste n'ait pas exposé un très-beau dessin qui a eu un grand succès à la suite de la guerre d'Italie, *la Gloire*, et qui ne pouvait manquer de produire beaucoup d'effet au Salon. Quant aux huit dessins de M. Vidal, ils ont toute la délicatesse, tout l'esprit que cet artiste sait mettre dans ses gracieuses productions.

Notre position de critique à l'égard des ouvrages de S. A. I. la princesse Mathilde, est plus embarrassante cette année qu'en 1859, car au dernier Salon nous avions quelques reproches, quelques observations à faire, et nous ne pouvions, par conséquent, être accusé de flatterie. Aujourd'hui nous avons à signaler des progrès, des qualités sérieuses qui feront crier au flatteur, ceux-là qui n'admettent pas qu'une princesse, qu'un souverain, puissent acquérir quelques talents, que la nature puisse les doter, comme bien d'autres, de capacités et de génie. Mais nous avons toujours eu le courage de notre opinion, et nous continuerons de dire la vérité, sans préoccupation aucune.

Les grandes aquarelles de la princesse Mathilde ne ressemblent en rien aux aquarelles ordinaires ; elles ont la dimension, la vigueur, l'éclat des peintures à l'huile, à tel point qu'étant placées parmi les tableaux de la salle M, nous les avons prises, nous-mêmes, pour des toiles. Qu'on juge alors combien de visiteurs, non artistes, ont dû s'y méprendre. Son Altesse Impériale est coloriste, et son goût naturel la porte de préférence vers les écoles espagnoles et flamandes. Mais qu'elle copie Rubens ou Murillo ou qu'elle fasse le portrait d'après nature, sa couleur est toujours riche, puissante, son pinceau large et franc. Ainsi son *Portrait de Mme de F.* et sa *Fellah*, sont d'un ton aussi chaud, aussi vigoureux que le *Portrait*, d'après Murillo, et que *le baron de Vick*, d'après Rubens.

M. Eugène Lami continue à interpréter, avec son joli talent d'aquarelliste, les œuvres de notre charmant poëte Alfred de Musset. Il a exposé dix aquarelles d'une grande finesse de ton, et composées avec esprit. Son *Escalier de marbre de Versailles*, en 1740, est un véritable tableau plein de mouvement et d'éclat. *Le général Mellinet à Ponte-Nuovo di Magenta* est également une composition remplie de mouvement et de types au caractère énergique. Ce pastel est dessiné avec cette facilité, cette verve qui caractérisent le talent de M. Bellangé. A propos de pastels, parmi les trois exposées par M. Eugène Giraud, le maître du genre, nous signalons le *Portrait de S. A. la princesse*

*Anna Murat*, comme celui auquel l'artiste a mis le plus de soin, car, depuis quelques années, M. Giraud n'apporte plus la même étude à son modelé, et, nous le lui avons déjà dit, s'il n'y prend garde, ses pastels perdront le charme qui les distinguait, ils n'auront plus la finesse de dessin, la fraîcheur de coloris et la délicatesse du fini, ils seront traités à l'effet comme les décors de théâtre. Non loin des cadres de M. Giraud, nous rencontrons deux pastels de M. Grisy, d'un coloris assez chaud et d'un dessin ferme et nature : le *Portrait de Mme V. G.* qui est grassement modelé, et *les Dentellières de Luc-sur-Mer*, scène rendue avec une grande vérité de couleur, de dessin et d'observation.

Parmi les nombreuses miniatures exposées, nous en remarquons cinq de M. Camino, peintes plus hardiment, — nous allions dire plus artistement, — que ne le font d'ordinaire les miniaturistes. Ces portraits sont ceux de la famille Nadar ; ils sont très-ressemblants et d'un ton très-chaleureux. Les six miniatures de M. de Pommayrac annoncent aussi une main exercée à la grande peinture. Les portraits de l'*Empereur*, de l'*Impératrice* et du *Prince impérial*, sont très-ressemblants et modelés avec beaucoup de fermeté et de finesse. M. Maxime David est à la miniature ce que M. Dubufe est à la grande peinture ; c'est le miniaturiste le plus séduisant, le portraitiste le plus gracieux. Il y a parmi ses neuf médaillons une tête de jeune enfant qui est ravissante. Le *Portrait d'homme*, la seule miniature exposée par M. Paul, est une bonne étude, largement modelée. Mme Lehaut a plusieurs miniatures; nous n'en citerons qu'une, c'est le *Portrait de l'Impératrice* d'après Winterhalter, et l'on retrouve dans cette peinture l'éclat et la fraîcheur de coloris du célèbre artiste. Citons encore une jolie miniatnre à l'huile de M. Faivre-Duffer, et les belles peintures sur émail, *la Sainte Famille*, d'après Raphaël, le *Portrait de l'Empereur*, par M. Grisée, *la Fortune conduite par l'Amour*, et *Clémence Isaure*, par M. Lepec.

---

## VI.

### SCULPTURE ET GRAVURE EN MÉDAILLES.

Un mot à certains critiques. — MM. Nanteuil, Cavelier, Guillaume, Leharivel, G. Crauck, Schœnewerk, Mathurin Moreau, Clésinger, Aizelin, Debay père, Thomas, Cabet, Protheau, Schroder, Montagne, Ramus, Rochet, Robinet, Virey, Perraud, Gumery, Lepère, Frison, F. Moreau, Barre, Ottin, Montagny, Bartholdi, Maurette, Oliva, Oudiné, Maindron, Nieuwerkerke, Frémiet, Delabrière, Maître, Lebœuf, Dieudonné, Cordier, Etex, Chenillon, Duseigneur, Iselin, Bonnaffé, Vauréal, Marcellin, Bogino, Barrias, Carrier-Belleuse, Daumas, Lequesne, Fabich, Desprey, E. Robert, Sanzel, Millet, Vilain, Chatrousse, Barye, Mène, Geoffroy, Waagen.

Le classement des ouvrages d'après l'ordre alphabétique du nom des exposants a tout à fait désorienté certains hommes de lettres étrangers aux beaux-arts et chargés des comptes rendus du Salon de 1861. Ne trouvant plus, comme de coutume, les œuvres principales réunies dans une ou deux salles, ils n'ont pas craint, en ne voyant plus cet ensemble imposant, de crier à la décadence des arts, et s'en sont pris à la peinture soi-disant officielle.

« Au lieu de cet art grandiose et inspiré des maîtres, écrivait l'un, nous n'avons trouvé généralement qu'*un art bien peigné*, *se faisant les sourcils d'un pinceau propret*, avec les *couleurs bien nettes* d'une palette orthodoxe.» Il est probable que l'auteur de ces lignes n'a jamais peint ni observé les têtes des vierges de Raphaël, et nous gagerions qu'il a été des premiers à demander, dans le temps, à être débarrassé de la grande peinture classique, de cet *art grandiose et inspiré des maîtres*, comme n'étant plus en rapport ni avec nos mœurs, ni avec nos habitations auxquelles les tableaux de chevalets qui le fatiguent aujourd'hui conviennent mieux.

Quant au reproche de se servir d'une *palette orthodoxe*, c'est-à-dire préparée selon les bons principes, nous ne croyons pas qu'on puisse peindre autrement, pas plus qu'on puisse faire de la musique sur un instrument qui n'aurait pas été mis d'accord selon les règles de l'art musical.

« Ce qui ressort de cette Exposition, dit un autre, c'est la presque unanimité d'*un servage honteux dans la peinture et la sculpture*. Où es-tu, ô liberté du penseur? où es-tu, fier et intraitable génie des causes justes? Partout la pente irrésistible vers l'*idolâtrie* du triomphe quel qu'il soit; ici, la toile mendiante; là, le marbre servile. *Mercenaire*, *plagiaire*, *adulateur*, tel est presque toujours *l'artiste de notre époque*. »

Certes, voilà une accusation à laquelle les artistes ne s'attendaient guère, et cela à cause des sujets appelés *officiels*. Ainsi, sachez-le bien, artistes, peintres et sculpteurs, représenter sur la toile ou sur le marbre un fait historique officiel de notre époque, peindre le portrait ou modeler le buste d'un grand capitaine, d'un ministre célèbre, d'un illustre souverain, c'est faire acte d'*un servage honteux* et d'*idolâtrie*. Mais il nous semble que l'*artiste de notre époque* n'est pas seul coupable de ces crimes, et sans remonter plus loin que le règne de Louis XIV, l'*artiste de notre époque* devra se trouver honoré de partager *un servage honteux* avec Lebrun, auteur des grandes pages historiques, et Vandermeulen, le peintre des batailles du règne du grand roi; avec Champagne, Largilière, Rigault, Pujet, Coysevox, Coustou; avec David, le peintre du *Sacre de Napoléon Ier*; Gros, l'auteur de tant de chefs-d'œuvre officiels, tels que la *Peste de Jaffa*, la *Bataille d'Eylau*, la *Bataille d'Aboukir*; Gérard, l'auteur du beau *Portrait de Louis XVIII*; H. Vernet, l'auteur du magnifique *Portrait équestre de Charles X*, et de tant d'admirables tableaux de batailles; et avec bien d'autres artistes célèbres qui ont honoré ou qui honorent notre pays. A moins toutefois qu'il n'y ait eu de faits mémorables que ceux des temps passés, d'hommes célèbres que ceux qui sont morts, et que les victoires de Sébastopol, de Magenta, de Solférino aient été des défaites pour la France, des guerres d'oppression et honteuses pournotre patrie ; que Napoléon III, le duc de Malakoff, le duc de Magenta, et les autres généraux aient été des capitaines incapables, toujours battus par les Russes, en Crimée, et par les Autrichiens, en Italie. Oh ! sans doute, s'il en était ainsi, les *artistes de notre époque* auraient fait acte d'*un servage honteux*, en consentant, par amour de l'or, à mentir à la postérité, en lui transmettant des faits mensongers et des personnages indignes d'elle. Voilà pourtant où conduit l'esprit de parti ; par haine ou par ambition, on arrive à être l'ennemi de son pays, à lui souhaiter des revers, des désastres, à nier ce qui est bon et utile, à abaisser, à méconnaître, à dénigrer la gloire nationale. Quant à nous, nous le disons bien haut : en ne se faisant ni l'instrument ni l'esclave d'aucun parti, en retraçant avec le même enthousiasme les faits glorieux de l'histoire du pays, qu'ils se soient passés sous la Monarchie, sous la République ou sous l'Empire, l'artiste fait preuve, non d'*un servage honteux*, mais d'un esprit loyal, indépendant et patriote.

Mais au point de vue purement artistique, ces *tableaux officiels,* ces sujets historiques de notre époque qui excitent tant de criailleries, sont-ils donc si faciles à traiter et si médiocrement représentés au Salon de 1861 pour être décriés comme ils le sont par certains critiques ? La collection de Versailles est là pour attester combien d'artistes de talent ont échoué, et combien, dans ce genre, les peintres de nos jours leur sont supérieurs. A part Horace Vernet, qui donc, sous les deux Restaurations, a peint des batailles comme celles exposées, cette année, par MM. Pils, Yvon, Bellangé, Beaucé, Rigo, etc., et des *Portraits officiels* supérieurs à ceux du *Prince Napoléon* et du *Comte Walewski,* par M. H. Flandrin ; de l'*Impératrice Eugénie*, par M. Winterhalter ; de la *Princesse Mathilde*, par M. Dubufe ; du *Ministre de l'agriculture*, par M. Cabanel ; du *Général Canrobert*, par M. Beaucé, etc.? Voyez ces toiles lorsqu'elles seront à Versailles placées à côté de celles des règnes précédents, et dites alors, mais alors seulement, si elles leur sont inférieures. Quant à la peinture religieuse, — et sous ce titre nous n'entendons pas seulement celle du style gothique, mais tous les sujets de l'histoire sainte, quel que soit le style choisi par l'artiste, — quant à la peinture religieuse, disons-nous, ce n'est plus maintenant dans nos Expositions qu'on doit la chercher et la juger, c'est sur les murs des chapelles de nos églises que l'administration fait décorer avec un goût et un zèle auxquels les esprits éclairés et les amis des arts ne peuvent qu'applaudir.

Enfin, un troisième se prononce en ces termes : «Une rapide promenade à travers l'Exposition de sculpture m'a permis d'y constater, dès à présent, sauf cinq ou six morceaux *hardis*, une médiocrité générale véritablement affligeante... Pourquoi donc, des huit statuaires qui font partie de l'Institut, n'en est-il pas un seul qui ait daigné se faire représenter au Palais de l'Industrie des Champs-Élysées ? Il leur appartiendrait de chercher à relever l'Exposition de sculpture de cette insignifiance où elle va s'enfonçant de plus en plus chaque année, et dont les tentatives excentriques de quelques novateurs ne suffisent pas à la sauver toujours. »

Cette opinion n'est pas celle qui nous étonne le moins de la part de qui s'occupe de critique d'art, car quiconque a suivi régulièrement les Expositions conviendra que, de l'aveu général, depuis 1830, la statuaire a fait des progrès qui se sont soutenus à chaque Salon. Mais sans chercher à comprendre ce que l'auteur des lignes citées plus haut entend par morceaux *hardis*, nous nous bornerons à demander quel est le Salon qui a réuni autant de sculptures remarquables, sous le double mérite de la vérité du modelé et de l'exécution du marbre, des statues, des groupes supérieurs au groupe de *Cornélie* et à la statue (style antique) de *Napoléon Ier*, *législateur*, par M. Cavelier; à la statue (style antique) de *Napoléon Ier*, *empereur*, par M. Guillaume ; à la statue intitulée : *Être et paraître*, de M. Leharivel-Durocher ; au *Faune*, statue en bronze, de M. Crauck ; à la statue ayant pour titre : *Au bord de l'Eau*, par M. Schoenewerk ; à la *Fileuse* (style antique), par M. Mathurin Moreau ; à la *Nyssia au Bain*, par M. Aizelin ?... Nous nous arrêtons, et nous déclarons que plus d'une des figures d'études dont nous ne parlons pas maintenant auraient fait le succès des anciennes Expositions. En veut-on une preuve palpable ? la voici :

Tout le monde a remarqué, au jardin du Palais-Royal, la jolie statue en marbre de M. Nanteuil, de l'Institut ; elle représente *Eurydice mourante*. Cette figure, qui est une des plus gracieuses et des meilleures productions de la statuaire moderne, a été exposée au Salon de 1824, où elle a fait sensation et à juste titre, car, à cette époque, on se le rappelle, la sculpture de convention était encore en vogue, et cette étude y faisait exception. Cette année, depuis la réouverture du palais des Champs-Elysées, M. Nanteuil y a envoyé cette *Eurydice*, qui lui a ouvert les portes de l'Institut, et le public peut juger, en comparant cette figure à beaucoup des statues exposées, si la statuaire a dégénéré depuis 1824. Dans ce temps-là, un monument de l'importance de celui de l'*Empereur dom Pédro Ier*, de M. Louis Rocher, aurait fait courir tout Paris, tandis qu'aujourd'hui le goût plus délicat, plus artistique du public, tout en appréciant les qualités d'exécution de ce gigantesque monument d'un style peu correct, l'attire de préférence vers les œuvres d'un sentiment plus élevé et d'une étude plus sérieuse.

Les ouvrages de M. Cavelier occupent bien certainement le premier rang parmi les nombreuses et remarquables sculptures placées dans le vaste transept du palais de l'Exposition. Par un singulier hasard cet artiste se trouve avoir traité des sujets également interprétés par deux sculpteurs distingués, MM. Clésinger et Guillaume, avec lesquels il soutient d'une manière supérieure un concours qu'aucun d'eux n'avait prévu.

Son groupe en marbre représentant *Cornélie et ses Enfants* fera, comme sa statue de *Pénélope*, époque dans les annales de nos Expositions. C'est une œuvre complète au double point de vue de la pensée et de l'exécution. Assise et entourée de ses deux enfants, Cornélie a l'attitude noble, la physionomie grave; le jeune Caïus, debout entre les genoux de sa mère, est posé avec tout l'abandon de son âge; mais il n'en est pas de même de l'aîné, de Tibérius, dont le maintien, dont l'expression, dont les traits déjà accentués annoncent la méditation et la résolution. Ces trois figures conçues dans le style antique ont un caractère imposant; elles sont modelées avec une science parfaite du nu et des draperies. Nous signalons à l'attention des praticiens les nus du jeune Caïus, entièrement terminés au ciseau sans le secours de la râpe, travail qui réussit à imiter l'épiderme de la peau. M. Cavelier a encore un beau buste, très-ressemblant de notre grand peintre Horace Vernet.

L'infériorité du groupe de *Cornélie*, exposé par M. Clésinger, a été saisie par tout le monde. Cette composition se ressent du mauvais goût italien : les personnages sont éparpillés sans qu'un lien de pensée les rattache entre eux; c'est une réunion de figures sur une même plinthe, mais sans but, sans unité d'action. M. Clésinger a senti de suite, dès l'ouverture du Salon, combien son groupe de *Cornélie* était inférieur à celui de M. Cavelier, et pour ne pas rester sous le coup d'un échec, que sa statue de *Diane au repos* était loin de racheter, il a, vers le milieu de la durée de l'Exposition et contrairement au réglement, fait admettre plusieurs ouvrages qui n'ont produit aucune sensation.

Cependant nous avons retrouvé dans la figure couchée, représentant *la Mort de Cléopâtre*, toute la puissance du modelé, tout le charme du contour que cet artiste sait donner aux formes de la femme. Pourquoi M. Clésinger ne s'en tient-il pas au genre qu'il réussit au lieu de s'aventurer dans une sculpture de style qui ne va pas à son talent ?

La comparaison se soutient mieux entre la statue de *Napoléon législateur*, de M. Cavelier, et celle de *Napoléon empereur*, de M. Guillaume. La statue du premier a plus de caractère ; elle rappelle les statues des philosophes grecs, et celle du second a de l'élégance, de la noblesse ; elle se ressent des statues des empereurs romains. Celle-ci est exécutée avec un soin minutieux et enrichie de broderies dorées, celle-là est plus simplement agencée et plus largement traitée. Le défaut de M. Guillaume est peut-être de s'attacher trop aux détails. Ainsi, dans le modèle de la statue de *Colbert*, commandée par la ville de Reims, il nous paraît s'être trop occupé des colifichets du vêtement, ce qui nuit à l'aspect de cette figure, bien modelée, du reste, mais qui manque de caractère et de simplicité dans les lignes, surtout pour une sculpture monumentale destinée à la décoration d'une place publique.

Le *Faune*, de M. Gustave Crauck, a le cachet de la sculpture antique, et, sous ce rapport comme sous celui du type, il a beaucoup d'analogie avec le *Faune et Bacchus* que M. Perraud a exposé en 1857, et dont nous espérions voir la reproduction en marbre au Salon actuel. Il y a un très-grand progrès entre les ouvrages que M. G. Crauck expose cette année et ceux qu'il avait aux précédentes Expositions ; son modelé, plus ferme, plus nerveux, plaira peut-être moins aux gens du monde, mais il donne plus de vie, plus d'expression à ses figures. D'ailleurs, les *Bustes des maréchaux Niel et Mac-Mahon*, ceux surtout de *Madame la maréchale-duchesse de Malakoff* et de *Madame la maréchale Niel*, attestent que cet artiste n'a pas renoncé à la délicatesse du fini qui séduit tant de monde.

*Être et paraître* est, comme le bronze de M. G. Crauck, une des meilleures figures du Salon. C'est l'exécution en marbre du modèle en plâtre exposé en 1857 par M. Leharivel-Durocher, sur lequel nous nous sommes exprimé ainsi dans notre Revue de ce Salon : « Sous ce titre : *Être et paraître*, l'artiste nous montre une des situations si pénibles et si communes de la vie : avoir le cœur navré de chagrin, et montrer au monde un visage souriant. Quiconque a souffert en silence, quiconque a eu la force de cacher ses misères sous des dehors heureux, sous un sourire, ne pourra regarder froidement cette statue représentant une jeune et belle femme cachant ses larmes derrière le masque qu'elle tient devant son visage, masque dont le rire contraste avec le sentiment douloureux exprimé sur les traits et dans la pose de cette charmante figure. Tout est vrai dans cette œuvre : expression et modelé. Le mouvement du dos est très-joli, et les draperies sont agencées avec beaucoup de goût. » Ce que nous disions du plâtre de cette statue, nous le dirons [illegible] reproduction en marbre dont le fini ne laisse rien à désirer, si ce n'est un travail moins uniforme, moins égal; nous voudrions plus de couleur, plus de fermeté dans certaines parties; qu'on sente un peu moins la monotonie de l'ouvrier praticien et un peu plus la main de l'artiste.

M. Leharivel est à la statuaire ce que M. Hamon est à la peinture; son genre est le néo-grec. Sa statue en plâtre, intitulée : *Colin-Maillard*, n'est-elle pas encore un spécimen du genre. C'est une jolie et gracieuse figure, bien modelée, aux contours fins et élégants et dont le mouvement est parfaitement senti. La Vierge, *Rosa mystica*, est une réminiscence du gothique qui nous semble un peu roide.

La statue en marbre inscrite au livret sous ce titre : *Au bord de l'Eau*, est une jeune et gracieuse femme aux formes élégantes et d'une expression mélancolique qui fait rêver. Cette jolie étude est dûe au ciseau de M. Schoenewerk, qui a exposé encore un *Jeune Pêcheur*, statue en marbre français, d'un dessin et d'un modelé très-nature. Les deux bustes de cet artiste ne sont pas moins remarquables que ses statues sous le rapport de l'expression et de l'exécution du marbre; ce sont les portraits de M. Triat et de M. Ed. Delessert.

Une composition charmante, devant laquelle bien des mères se sont arrêtées avec plaisir, c'est le groupe de M. Schroder, *le Baume maternel*. Un bel enfant s'est cogné le bras et la douleur le fait pleurer; sa mère le presse tendrement, elle essuie ses grosses larmes, couvre de baisers l'endroit douloureux, et déjà l'enfant semble lui sourire. Le mouvement de l'enfant est naturel et bien saisi; celui de la mère n'est pas moins bien réussi. Sous ce titre : *le Matin*, ce sculpteur expose encore le buste d'une jeune et jolie femme en toilette du matin, agencé avec goût et bien modelé. *La Nyssia au bain,* statue en marbre de M. Aizelin, est aussi une gracieuse figure de femme d'un galbe fin et élégant, d'un sentiment délicat. Si la draperie n'a pas le style antique, elle n'en est pas moins étudiée avec un soin et une délicatesse qui lui donne de la légèreté sans qu'elle ait rien du ridicule des draperies mouillées et collées des laides statues de M. Bonnaffé et de son imitateur M. Vauréal.

M. Mathurin Moreau a reproduit en marbre la belle statue en bronze que nous avons vue au Salon de 1859, où elle a été achetée par la loterie de l'Exposition. Cette *Fileuse*, nous l'avons dit plus haut, est une des bonnes figures du Salon sous le rapport du style et de l'exécution. M. François Moreau, le parent ou l'homonyme du précédent, a exposé deux statues, l'une en fonte, l'autre en plâtre. Celle-ci représente *la Muse Euterpe;* elle est drapée avec goût dans le style antique; la tête est jolie et le dessin des bras est élégant. Celle en fonte, *St-Jean-Baptiste*, est d'un modelé plus vrai, plus nature, ainsi que le comportait le sujet.

La statue de *Didon* est un marbre de M. Ramus, destiné à l'une des niches de la cour du Louvre. La reine de Carthage est représentée debout sur le bûcher au moment où elle va se plonger un poignard dans le cœur, et l'artiste a eu le bon goût de ne point exagérer le mouvement de sa figure qui n'a rien de théâtral.

tout en étant très-expressive. M. Ramus a encore plusieurs statues et un groupe en plâtre de *Bacchus enfant, tourmenté par une nymphe des Champs*, petite composition pleine de verve et d'esprit. La statue en marbre de *Mgr de Mazenod, évêque de Marseille*, est empreinte d'un sentiment de bonté, et les statues en pierre de *St-Jean* et d'*Isaïe*, dans le style gothique, sont destinées à Notre-Dame-de-la-Garde. Enfin, des deux bustes en marbre du même artiste, les portraits de *Mgr Chalandon, archevêque d'Aix*, et *M. Delangle, garde des sceaux*, nous louerons surtout ce dernier pour la ressemblance et le soin de l'exécution du marbre.

La statue de *Virgile*, de M. Jules Thomas, est, sans contredit, la meilleure de toutes celles destinées à la cour du vieux Louvre. A ceux de nos confrères qui ont reproché à cet artiste d'avoir reproduit par trop servilement le *Virgile lisant le sixième livre de l'Enéide à Auguste*, peinture de M. Ingres, dont tout le monde connaît la belle gravure faite par Pradier et exposée en 1833, à ceux-là nous répondrons que M. Jules Thomas fait comme dit le poète : il prend son bien où il le trouve, et que c'est bien quelque chose que d'avoir su élever le modelé de cette figure à la hauteur du dessin de M. Ingres. Aussi y a-t-il unanimité parmi les sculpteurs pour louer la parfaite exécution de ce marbre. La *Sagesse*, par M. Le Père, est aussi une des bonnes statues de la cour du Louvre ; elle a de la noblesse dans la pose, dans le geste ; les draperies sont agencées dans le style antique et exécutées avec la science qui distingue les œuvres de ce statuaire, qui a également exposé une peinture dont nous avons parlé, *Psyché allant surprendre l'Amour endormi* est le modèle en plâtre d'une statue destinée à la cour du Louvre et commandée à M. Montagny; c'est une figure consciencieusement étudiée. Nous en dirons autant d'une autre statue qui a la même destination : la *Modestie*, exécutée en marbre par M. Chambard, qui a exposé une autre composition en plâtre, représentant *Aristide, banni d'Athènes, refugié avec ses deux filles dans une caverne, au bord de la mer.* Ces trois figures sont groupées avec art et remplies de sentiment; les nus sont étudiés avec soin et conscience. Nous reverrons sans doute ce groupe exécuté en marbre au prochain Salon.

Le genre gracieux domine à l'Exposition de sculpture. La *Sapho*, statue en marbre commandée par l'Empereur à M. Robinet, est grassement modelée; la pose a de la noblesse et le geste est poétique. C'est le chant du cygne, le dernier chant que Sapho semble envoyer vers le ciel. Son *Ondine* est une non moins gracieuse composition qui rappelle un peu la *Source*, de M. Ingres; elle se distingue par l'élégance et la beauté des formes. On retrouve cette élégance et cette finesse de modelé dans le beau *Buste en marbre de Mademoiselle B...* et dans celui de *Mademoiselle de La Pommeraye*, de l'Académie impériale de Musique, portraits très-ressemblants dus au ciseau de M. Robinet. Que de grâce dans ce groupe en plâtre représentant *Une jeune Mère conduisant son Enfant au bain!* Avec quelle précaution la mère tient son fils, et que la crainte de l'eau est bien exprimée sur l'enfant ! Ce groupe, savamment modelé, est de M. Montagne, qui, sans doute, nous le montrera en marbre à une prochaine Exposition. M. Protheau a exposé trois fort jolies sculptures : *Fleur de Jeunesse* est une figure charmante de simplicité et de naïveté, et l'*Harmonie*, autre figure en marbre, dont la tête est jolie et expressive, a plus de sévérité, plus de style. Quant à la *Nourrice indienne*, c'est une reproduction en bronze du modèle que nous avions déjà remarqué, en 1859, pour la vérité du sentiment maternel qui y est exprimé. Ces deux vers :

A ce cœur virginal, qui rêve à l'avenir,
L'Amour, en se cachant, rappelle un souvenir,

ont inspiré à M. Frison une composition dans le gout de celles de M. Hamon. *Une jeune Fille, dans le négligé du matin*, embrasse un médaillon portrait d'un objet aimé, car le petit dieu malin qui se cache dans les plis de la robe, semble avoir inspiré ce souvenir passionné. Ce marbre est travaillé avec le soin que cet artiste apporte à tous ses ouvrages, et nous avions espéré que ce joli petit groupe serait acheté pour la loterie de l'Exposition. Le *Défi* est un groupe du même genre, œuvre de M. Virey. Le mouvement de la Bacchante qui défie l'Amour est bien rendu ; elle est bien modelée ; le petit Cupidon a une expression fine et rusée. Nous trouvons dans le même goût la *Jeunesse qui captive l'Amour*, gracieux groupe de M. Marcellin, qui a une autre jolie figure en marbre : la *Douceur*, destinée à la cour du Louvre. Le *Joueur de Lyre* est une bonne figure d'étude de M. Maurette ; le mouvement est vrai, la tête est expressive ; elle écoute bien les accords de la lyre.

Nous avons dit, au commencement de ce chapitre, que MM. Cavelier, Clésinger et Guillaume, ayant traité les mêmes sujets, s'étaient trouvés en concours sans s'en douter. Voici encore deux artistes de talent qui entrent en lice en exposant chacun une *Statue de Napoléon III* en costume officiel ; ce sont MM. Ottin et Lequesne. Nous avons donné assez de preuves de sympathie à M. Ottin pour avoir le courage de lui dire qu'il s'est trompé cette fois, que sa *Statue de Napoléon III*, manque d'aisance dans la pose, que les vêtements ont la sécheresse et la roideur du ferblanc, que nous ne trouvons plus dans cette exécution la vérité du modelé que nous lui connaissions, et que nous sommes heureux de constater encore dans deux jolis petits marbres représentant : l'un, *Psychée et l'Amour*, l'autre, *Une jeune Fille tenant un vase*. La *Statue de Napoléon III*, modèle en plâtre que M. Lesquesne a envoyée après l'ouverture du Salon, n'est pas inscrite au livret. Cette figure nous paraît mieux comprise que celle de M. Ottin ; la pose de l'Empereur est noble, aisée, naturelle ; il est à son aise dans ses vêtements, qui sont largement modelés, ainsi que la tête, qui a du caractère.

La *Statue de l'Impératrice Eugénie*, exécutée en marbre par M. Auguste Barre, est sans doute destinée à faire pendant à la *Statue de Napoléon III*, de M. Ottin. Cette figure n'a pas l'allure grandiose que les

Coysevox et les Coustou savaient donner aux ouvrages du même genre ; mais peut-être M. Barre a-t-il été gêné par l'emplacement réservé à cette statue. Dans tous les cas, c'est une œuvre gracieuse et traitée avec beaucoup de délicatesse. Cet artiste est le Dubufe de la sculpture pour les bustes et les statuettes. Il ne compte pas moins de cinq bustes : ceux de l'*Impératrice*, de la *Princesse Clotilde*, sont très-finement modelés, et le dernier surtout est une compensation de vilaine peinture que M. Hébert a faite de cette jeune princesse.

Grâce aux vastes proportions du palais des Champs-Elysées, on peut y exposer les monuments les plus gigantesques. Outre l'immense *Monument en l'honneur de l'Empereur dom Pédro Ier*, par M. Rochet, dont nous nous avons déjà parlé, et sur lequel nous ne reviendrons pas, il y a encore trois projets de fontaines que nous devons examiner. Celui de M. Bartholdi (de Colmar), le mieux conçu, le mieux exécuté, est destiné à la cour du Musée de la ville de Colmar. Cette fontaine monumentale, en grès des Vosges, érigée à la mémoire de *Martin Schoen*, peintre, graveur et orfévre du xve siècle, est d'un aspect simple, sévère, monacal, et cependant élégant. La *Statue de Martin Schoen*, placée au faîte du monument, est traitée avec une sobriété de lignes qui lui donne un caractère austère parfaitement en harmonie avec le style de l'architecture du xve siècle et l'expression méditative du célèbre orfévre. Cette statue, ainsi que les figurines qui l'accompagnent : la *Peinture*, la *Gravure*, l'*Orfévrerie* et l'*Etude* sont véritablement d'une exécution très-remarquable.

Quelle triste idée M. Cordier nous donne-t-il du goût italien, s'il s'en est inspiré dans le projet qu'il intitule : le *Triomphe d'Amphitrite*, *modèle d'une Fontaine décorative dans le goût italien du XVIII^e^ siècle.* Quand un goût est mauvais, qu'il soit italien ou anglais, pourquoi l'imiter?... Heureusement, cet artiste a deux beaux bustes qui rachètent cette grosse erreur, qu'il est sans doute le premier à regretter aujourd'hui. C'est d'abord le gracieux buste en marbre, *Portrait de Madame la baronne* ***, puis la *Capresse ou Négresse des Colonies*, buste où le bronze teinté se marie à l'or, l'argent et l'onyx. Moins heureux que M. Cordier, M. Etex n'a pas, au Salon, une œuvre capable de le consoler de l'échec bien mérité, et comme architecture et comme sculpture, de son modèle de fontaine, le *Génie du XIX^e^ siècle*, qu'il propose pour l'entrée du bois de Boulogne. Cette composition ressemble à un de ces surtouts de table faits en cartons et à étages pour recevoir des gâteaux et autres friandises.

Nous avons dit plus haut que nous avions espéré voir, cette année, la reproduction en marbre du beau groupe de l'*Enfance de Bacchus*, de M. Perraud. N'ayant pu terminer ce marbre, cet artiste expose une figure d'étude inspirée par ce vers de Pétrarque :

> Rien, hormis la douleur, en ce monde ne dure.

Un homme jeune et beau, assis au bord de la mer,

les jambes croisées, les mains entrelacées et appuyées sur ses genoux, semble accablé par la douleur et chercher à pénétrer les mystérieuses destinées de l'humanité. La simplicité, le naturel de la pose, la vérité de l'expression, le modelé large et savant, telles sont les qualités de ce modèle en plâtre.

Deux artistes nous donnent les reproductions en marbre des modèles en plâtre qu'ils avaient exposés il y a deux ans, et sur le mérite desquels nous nous sommes alors prononcé. Cette jeune fille, qui hésite à choisir entre un cœur et des bijoux, entre l'amour vrai et l'amour des richesses, est une composition gracieuse. L'élégance des formes rappelle la *Psyché* de Gérard, dont M. Debay père semble s'être inspiré. La *Rebecca*, de M. Fabisch, est un marbre bien étudié ; le type et l'agencement de cette figure ont le caractère biblique. La *Mater dolorosa*, statue en marbre de M. Bogino, a le sentiment religieux, mais les draperies nous paraissent bien lourdes. M. Daumas n'a pas ce défaut dans la *Méditation*, statue en pierre destinée à un tombeau. Non-seulement les draperies sont souples et agencées avec goût, les nus modelés avec talent, mais l'ensemble est d'un sentiment bien compris et bien rendu.

La *Renaissance*, statue en plâtre, de M. Chatrousse, est encore une statue bien comprise, agencée avec une certaine recherche de style, réminiscence des sculptures de Jean Goujon et de Germain Pilon, comme la statue en marbre que M. Elias Robert appelle *Déidamie* est une imitation de la *Diane de Gabie*.

A cette dernière figure nous préférons l'*Amour captif*, composition originale de M. Sanzel, qui est gracieuse et bien modelée. La *Suzanne*, marbre de M. Cabet, est une bonne étude; les bras et les jambes sont d'un joli dessin. Nous n'en dirons pas autant de *Marius au milieu des Ruines de Carthage*. Cette statue en marbre, de M. Vilain, est d'un type commun; faire laid, ce n'est pas donner du caractère à une figure; c'est de la sculpture de convention comme on en faisait il y a soixante ans. Nous aimons bien mieux le modèle en plâtre de M. Lebœuf. Ce *Spartacus noir*, aux formes tout aussi athlétiques que celles du *Marius* de M. Vilain, sont au moins d'un modelé-nature qui donne de la vie et de l'expression à cette énergique figure. M. Lebœuf a encore exposé une statuette en plâtre, portrait très-ressemblant de notre peintre réaliste, M. Courbet. Citons encore un petit groupe en plâtre, d'un sentiment naïf et vrai, qui rappelle les sculptures du moyen âge, style parfaitement approprié au sujet, puisqu'il s'agit de *Deux Religieux, au moyen âge, occupés à tailler la vigne*. Cette composition est de M. Chenillon, auteur de nombreuses statues gothiques qui décorent nos édifices religieux. Un sculpteur qui interprète également bien le gothique, c'est M. Duseigneur, qui expose six bas-reliefs, terre cuite, traités dans ce style : *Jésus condamné par Pilate*, — *Jésus tombe sous la croix*, — *Jésus console les Fille de Jérusalem*, — *Jésus tombe pour la troisième fois sous la croix*, — *Jésus meurt sur la croix*, et *Jésus est mis dans le sépulcre*.

Personne n'anime le marbre comme M. Oliva; à aucune époque on n'a produit des bustes plus vivants, plus nature et d'un effet plus séduisant que ceux de ce sculpteur. Deux des cinq bustes exposés par cet artiste sont surtout d'une perfection complète : c'est d'abord celui de *François Arago*, destiné aux galeries de Versailles, type d'un grand et puissant caractère, admirablement rendu et d'un effet des plus imposants; puis, celui d'*Etienne, de l'Académie française*, d'un tout autre caractère, physionomie riante, chevelure bouclée et frisée. Caffieri ne fouillait pas, ne pétrissait pas, ne travaillait pas le marbre avec plus de facilité que M. Oliva ne l'a fait dans ces deux bustes et dans ceux du *Dr Casalas, médecin des armées,* d'*Engelmann, lithographe*, et du *Prince Eustache Sapieha.* La sculpture de M. Iselin a quelque rapport avec celle de M. Oliva, mais il a moins de couleur, moins de verve. Néanmoins, ses bustes sont pleins de physionomie, et nous citerons surtout celui de *Monsieur le Comte de Morny*, frappant de ressemblance, exécuté avec une habileté que nous retrouvons dans les trois autres bustes du même auteur : ceux de MM. *Bugnet*, professeur à la Faculté de droit, — *Deslaye*, conseiller général, et *Boileau*, président. Deux autres artistes se rapprochent encore de la manière de M. Oliva, mais à une distance plus éloignée. Les bustes, terre cuite, de M. Carrier-Belleuse, dont les saillies et les noirs sont un peu trop exagérés, ont de la vie et de l'expression; ceux de M. Barrias ont aussi beaucoup d'animation; le modelé est vrai, mais un peu trop surchargé de détails. Le modelé de M. le comte de Nieuwerkerke est plus sobre, sans cependant être moins nature et avoir moins de physionomie que ceux de ces deux artistes. Ses bustes de *Mme Conneau*, de *Mme la Marquise de Cador* et de *M. le marquis de La Valette* sont touchés avec délicatesse et d'une exécution aussi irréprochable que celle des bustes du *Maréchal Magnan* et du *Consul général Monsieur Léon Roches*, exposés par M. Millet. Deux bustes bien vivants, pleins d'expression et bien modelés, sont ceux de *Monseigneur Cœur*, *évêque de Troyes*, par M. Desprey, de *S. S. le Pape Pie IX*, par M. Dieudonné. Ce dernier est bien certainement le meilleur portrait qui ait été fait du Saint-Père ; il nous dédommage de l'affreux portrait peint et exposé par M. Hardtmuth. Enfin, le *Portrait de la Sœur Rosalie*, par M. Maindron, est un buste des plus remarquables pour la finesse des traits et la couleur du modelé.

Parmi les médailles exposées, nous avons cherché aussi vainement qu'aux salons précédents quelques productions de M. Barre, graveur général des monnaies, qui laisse à son laborieux confrère, M. Oudiné, le soin de soutenir l'honneur de la gravure en médailles. Personne ne s'en plaindra, car son exposition prouve qu'il est à la hauteur de cette mission. Cet artiste ne compte pas moins de trois médaillons en marbre, et de treize médailles et médaillons en bronze. Les médaillons en bronze sont des réductions de ceux exécutés en marbre, lesquels sont les portraits du *Prince Napoléon*, de

M. *Gatteaux, membre de l'Institut,* et du fils de l'auteur ; les médailles sont : 1° *Médaille commémorative du voyage de LL. MM. à Reims ;* 2° *Médaille d'inauguration de la Bourse de Marseille ;* 3° *Médaille du corps municipal de la ville de Paris ;* 4° *Médaille d'honneur pour le ministère de l'agriculture et des colonies ;* 5° *Médaille commémorative de l'annexion de la Savoie et du comté de Nice.* Si ces médailles ont la parfaite entente du méplat et la délicatesse du fini que M. Oudiné sait mettre dans ses types de monnaie, ses médaillons du prince Napoléon et de M. Gatteaux ont beaucoup de physionomie et de caractère. Ces deux portraits de M. Oudiné ont inspiré ces vers que nous trouvons dans une revue en quatrains de M. Le Guillois :

« Nos pièces de cinq francs nous ont appris son nom :
La jeune république en fit une épigramme.
Tous ces portraits sont pleins de flamme,
De Gatteaux à Napoléon. »

M. Gumery n'ayant pu être prêt à temps pour l'Exposition, s'est trouvé réduit, comme nous, à chercher dans son atelier quelques médaillons à envoyer, afin de faire acte de présence au Salon de 1861. Son médaillon en plâtre, *Portrait de M. J. Ampère, de l'Académie française*, est largement modelé.

Notre grand sculpteur d'animaux, M. Barye, n'a rien à l'Exposition, et M. Mène qui est le miniaturiste du genre en sculpture, a exposé une chasse en Ecosse, *la prise du Renard,* groupe en cire, où animaux et personnages sont modelés avec le même talent. M. Fremiet a moins bien réussi son groupe en plâtre, *le centaure Térée emportant dans son antre, vivants et se débattant, des ours pris dans les montagnes de l'Hémus.* La partie humaine du centaure est trop petite, trop faible pour l'ampleur de la partie chevaline, et surtout pour l'enlèvement d'un ours de la force de celui-ci, dont on ne sent nul part les articulations osseuses, ce qui, par parenthèse, lui donne la forme et l'aspect d'une outre gonflée. Ces défauts font dire à M. Le Guillois, dans son originale revue en quatrains :

. . . . . . . . . . . . . . . . . . . .
Que n'es-tu réaliste aussi bien que Courbet?
Tu n'irais pas, cherchant un antique sujet,
Pour motiver tes *ours* nous annoncer *Térée.*

*La lutte suprême du Lion blessé à mort* est un groupe de M. Waagen plus complétement réussi. L'action est très-dramatique ; le Kabyle, le cheval et le lion sont pleins d'énergie et modelés avec talent. M. Delabrierre a exposé une *Panthère de l'Inde dévorant un Héron,* dont la fermeté et la vérité du modelé nous rappellent les animaux de Barye. Un élève de cet artiste qui expose pour la première fois, M. Maître, montre un talent original et hardi. Son *Chien qui cherche à se débarrasser de sa muselière,* et son autre *Chien tourmenté par une puce,* étaient des mouvements difficiles à saisir et que cet artiste a rendus avec une vérité absolue. M. Geoffroy, élève de M. Geoffroy-Dechaume, son père, paraît aussi pour la première fois à nos expositions. Il n'a qu'un ouvrage, c'est un *Lévrier d'Afrique,* savamment étudié. Enfin, un artiste renommé qui marche après MM. Barye et Mène, comme sculpteur d'animaux, M. Rouillard, a exposé un *Aigle* en plâtre bronzé, plein d'énergie et d'un beau caractère, et une *Coupe* composée avec goût et ciselée avec une grande délicatesse. Cette coupe, or et argent, a été donnée par le ministre de l'agriculture, du commerce et des travaux publics, aux concours régionaux de 1861.

---

# VII

## GRAVURE ET LITHOGRAPHIE.

MM. Martinet, Pollet, Lefèvre, Desvachez, Gervais, Daubigny, Constantin, Desjardin, Gérard, Soulange-Teissier, E. Lasalle, Desmaisons, Laurens.

La gravure et la lithographie continuent à rivaliser d'efforts pour se surpasser en perfection, et de cette lutte incessante ont résulté, pour l'un et pour l'autre de ces deux arts, les progrès incontestables que nous signalons à chaque exposition. La lithographie est aujourd'hui moins lourde, moins pâteuse ; elle a gagné une fermeté et une finesse de crayon qui la rapprochent de la gravure, et celle-ci a des allures plus indépendante, elle a perdu de sa sécheresse, de sa froideur en employant tous les procédés capables de lui donner la couleur et le moelleux qu'elle enviait à la lithographie. Ainsi, les *Juifs en prière devant le mur de Salomon*, magnifique gravure de M. Pollet, d'après le dessin de M. Bida, et le *Portrait équestre de Napoléon III*, d'après M. H. Vernet, rappellent si merveilleusement la peinture de celui-ci et le dessin de celui-là, qu'il serait difficile de faire mieux.

*Jupiter et Antiope*, sujet gravé par M. Lefèvre, d'après le tableau du Corrége, du Louvre, est une belle estampe dans la véritable acception du mot. Resté fidèle aux traditions si glorieuses de l'école de la gravure française, cet artiste est arrivé par la finesse et la délicatesse de ses tailles à un modelé aussi moelleux qu'on peut le désirer, tout en conservant cette transparence des ombres que la lithographie ne possédera jamais.

M. Desvachez s'est tenu strictement dans les ressources ordinaires de la gravure classique pour sa grande planche du *Compromis des nobles à Bruxelles*, 1566, d'après M. E. de Biefve. Cette absence des procédés employés maintenant pour atteindre le plus possible l'éclat et la vigueur de la peinture nuit à ce travail concienciеux qui doit paraître un peu froid, mais dont la fermeté et la finesse des détails annoncent un talent sérieux et d'un grand avenir. Il eût été difficile à M. Gervais d'arriver à rendre aussi parfaitement la peinture de M. Meissonnier, s'il n'avait employé divers procédés dans sa gravure du tableau que ce maître a exposé, en 1859, sous ce titre : *le Liseur*.

Le peintre hollandais Ruysdael a été très-vigoureusement interprété par un de nos paysagistes les plus en renom, M. Daubigny, qui expose une très-belle eau-forte, d'après le tableau de ce maître qui est au Musée du Louvre, et que nous connaissons tous, *le Coup de Soleil*. Les vues du château de Courtomer, prises par M. Constantin et gravées par lui, sont des eaux-fortes dessinées avec une très-grande délicatesse de burin, qui font à la fois honneur au graveur et au dessinateur.

M. Desjardins est arrivé à obtenir, par la gravure, des *fac-simile* d'aquarelles et de peintures à l'huile qui tromperaient l'œil exercé de l'amateur. Les deux *fac-simile* qu'il a exposés sont de véritables trompe-l'œil d'une aquarelle de M. Lepoittevin, *un Jour avant*, et d'une autre aquarelle, *Dix Ans après*, de M. Auguste Delacroix.

Parmi les quelques gravures sur bois exposées, signalons tout particulièrement celles de M. Alphonse Gérard. Son *Portrait de Paul Delaroche*, d'après un dessin de M. Chenay, et sa *Tête d'étude*, d'après Paul Delaroche, ont la pureté et la finesse de la gravure en taille-douce, tandis que le *Portrait de Van Noor*, de Van Dyck, d'après un dessin de M. Mariani, fait l'effet d'une eau-forte. M. A. Gérard, après M. Brévière, est l'un des artistes qui ont le plus contribué aux progrès de la gravure sur bois.

MM. Soulange-Teissier et Emile Lasalle tiennent le premier rang parmi les lithographes qui ont exposé. Nous citerons du premier, son *Mouton mérinos*, d'après mademoiselle Rosa Bonheur, et du second, son *Portrait de Napoléon III à la bataille de Solférino*, d'après M. Yvon, comme des lithographies qui valent des gravures. Il en est de même de la pureté et de la finesse du crayon de M. Desmaisons, qui a traduit si délicatement quatre dessins de M. Vidal : *la Prière*, *le Repos*,

*Edith* et *Hélène*. M. Laurens a une qualité bien appréciée des peintres, c'est de s'attacher à reproduire jusqu'à la manière de faire de chaque artiste. Ainsi en voyant l'*Abreuvoir*, d'après mademoiselle Rosa Bonheur, on reconnaît de suite le moelleux, le fini extrême de la peinture de cette artiste, tandis que le crayon est plus accentué, plus ferme dans la *Velléda*, d'après M. Cabanel, et le *Jeune Ménage*, d'après M. Van Muyden.

---

## VIII

### ARCHITECTURE.

MM. Boileau père et fils, Ledeschault, Dominique, Mallay, Lisch, Etex, Hénard, Devrez. — *Un mot sur le Catalogue.* — MM. Huguenet et Guillaumot.

La galerie d'architecture compte quelquefois un ou deux membres de l'Institut parmi ses exposants ; cette rare faveur lui fait encore défaut au Salon de 1861. Nous espérions y voir figurer quelques projets des nouvelles églises confiées à M. Victor Baltard, l'habile architecte de la ville de Paris ; mais ses nombreux travaux l'auront empêché d'être prêt pour l'ouverture de l'Exposition.

Les projets de monuments religieux sont en majorité cette année. Le *Projet d'Eglise construite en métal et en maçonnerie*, par MM. Boileau père et fils, offre un monument dont le style n'est ni ogival ni roman, et dont la dimension ramassée manque d'élégance et de caractère. Nous préférons les plans que M. Ledeschault propose pour *Une Eglise de chef-lieu d'arrondissement*, composition qui, sans être d'un style très-pur, a un caractère monumental et élégant.

Nous voyons avec plaisir nos architectes étudier sérieusement la restauration des précieux monuments qui couvrent le sol de la France, et que l'administration doit chercher à conserver dans l'intérêt de l'art et de notre gloire nationale. Le *Projet de restauration de l'église de Saint-Etienne de Nevers*, délicieux monument du VII^e^ siècle et rebâti en 1063, est étudié avec une science qui fait honneur à l'auteur, M. Dominique. Sauf les peintures décoratives qui ne sont point dans le style du monument, nous n'aurions que des éloges à donner à son *Projet de restauration et d'achèvement de l'église de Notre-Dame-du-Port, à Clermont-Ferrand.* Enfin, M. Lisch se montre homme de goût et archéologue dans son *Projet de restauration de la cathédrale de Luçon.*

Nous rencontrons ici plusieurs projets d'Opéra que nous avons vus lors du concours ouvert il y a quelques mois, et sur lesquels nous nous sommes déjà prononcé. Seulement, à l'occasion du *Projet d'Opéra, à l'huile*, exposé par M. Etex, nous renouvellerons notre demande qu'un artiste ne soit exempté du jury que pour l'art spécial dans lequel il a obtenu ses récompenses.

Si le *Projet d'Opéra* de M. Hénard laisse beaucoup à désirer, malgré les qualités qu'il renferme, son *Projet d'hôtel à Paris* ne mérite que des louanges. C'est un type des plus purs et des plus élégants de l'architecture de notre époque. Les dessins de M. Devrez, le plus laborieux des exposants, méritent une mention toute particulière. Ses études d'architecture des XV^e^, XVI^e^ et XVII^e^ siècles sont de précieux spécimens de l'art national à ses plus belles époques. L'exposition de cet architecte se compose de : 1° Projet de restauration de l'hôtel des Finances, à Rouen, XVI^e^ siècle ; — 2° Maison de la Tuile, XV^e^ siècle ; — 3° Maison dans la rue de la Grosse-Horloge, XVI^e^ siècle ; — 4° Maison rue Malpaln, XVI^e^ siècle ; — 5° Restes de l'abbaye Saint-Amand, XV^e^ siècle ; — 6° Maison rue du Bac, XVII^e^ siècle ; — 7° Maison rue Vieille-Peignerie, XV^e^ siècle ; — 8° Maison rue des Trois-Maillets, XV^e^ siècle ; — 9° Maison rue Bourgogne (démolie), XVI^e^ siècle ; — 10° Maison rue de la Charpenterie, XVII^e^ siècle.

Terminons ces quelques mots sur l'architecture par une observation à l'adresse de MM. les rédacteurs du Catalogue.

Jusqu'au Salon de 1847, les gravures et les lithographies reproduisant des monuments ou des fragments de monuments avaient toujours été cataloguées avec les autres gravures et lithographies. C'est au livret de 1850 que, pour la première fois, on a commencé à considérer les graveurs et les lithographes d'architecture comme étant des architectes, et à inscrire leurs estampes parmi les plans d'architecture. Dans notre *Revue du Salon de* 1853 et notre *Revue de l'Exposition universelle en* 1855, nous nous sommes récrié contre cette anomalie, et les rédacteurs du Catalogue ont compris que lorsque M. Huguenet et M. Guillaumot exposent des gravures du dôme des Invalides, ce n'est pas l'architecte Mansard qui envoie ses plans à l'Exposition d'architecture, mais bien les graveurs Huguenet et Guillaumot, qui présentent, non pas l'architecture, mais le travail de leur burin à l'appréciation des connaisseurs. Aussi, au livret de l'Exposition de 1857, les graveurs et lithographes n'ont plus été confondus avec les architectes ; on les a placés, à la suite de l'architecture, sous ce titre très-peu correct que le dictionnaire de l'Académie ne sanctionnera certainement pas : *Architecture, Gravure... Architecture, Lithographie.* Est-ce bien à la suite de l'architecture que ce genre de gravure doit être classé ? La place toute naturelle des graveurs et des lithographes qui se sont voués à la reproduction des édifices n'est-elle pas à la suite des graveurs et des lithographes de figures et de paysages ? Cette question, nous la soumettons humblement, et pour la troisième fois, à qui de droit.

# IX

## DISTRIBUTION DES RÉCOMPENSES.

Origine des récompenses aux exposants. — Nos observations de 1859. — Discours de M. le comte Walewski, ministre d'État. — Liste des récompenses.

Avant la Révolution, les académiciens avaient seuls le droit d'exposer. La Convention, après avoir aboli ce privilége, institua des prix et créa par décrets des 9 et 25 brumaire an II, un jury, non pour l'admission des ouvrages, mais pour les récompenses à accorder aux artistes. Napoléon Ier, voulant ramener les artistes au culte de l'histoire, fonda les prix décennaux. Les Bourbons abolirent ces prix, mais ils maintinrent les médailles ordinairement décernées à la fin de chaque Exposition.

Le nombre de ces récompenses étant resté le même

depuis la Restauration, quoique le chiffre des ouvrages exposés aujourd'hui se soit accru de plus du double, nous avons présenté, *il y a deux ans*, dans *l'Europe artiste* et dans notre volume publié sur le *Salon de* 1859, les observations suivantes à l'occasion de la distribution des médailles :

« Nous saisissons l'occasion qui nous est offerte
» pour démontrer que le nombre des récompenses
» n'est plus en rapport avec l'éclat actuel des Exposi-
» tions. Il y a trente à quarante ans, le Salon se com-
» posait à peine de 1,200 ouvrages; l'Exposition qui
» vient de finir en comptait 3,900 environ, c'est-à-dire
» près de trois fois plus. Comment se fait-il qu'en pré-
» sence de cette énorme augmentation des ouvrages
» exposés, le nombre des médailles soit resté le même
» qu'autrefois? Si alors le nombre des récompenses
» était parfaitement en accord avec le nombre des
» ouvrages exposés, il est évident qu'il ne l'est plus
» aujourd'hui. C'est en vain que l'Administration a
» cherché à réparer ce tort, à combler cette lacune en
» créant les *rappels de médailles* et les *mentions hono-*
» *rables;* cette mesure, qui ne date que de 1857, n'a
» pas satisfait les artistes et ne les satisfera pas mal-
» gré les bonnes intentions de M, le directeur général
» des Musées. En effet, tout le monde reconnaît l'in-
» suffisance de trois médailles de première classe,
» six de deuxième et douze de troisième, en tout,
» vingt et une médailles pour plus de trois mille
» peintres, comprenant les sections : histoire , por-
» traits, genre, paysages, animaux, intérieurs, ma-

» rines, miniatures, aquarelles, pastels et dessins.
» C'est encore pire pour la sculpture, qui occupe de
» nos jours une si importante place à nos Expositions :
» pour 500 ouvrages environ, on ne lui accorde que
» douze médailles, dont deux de première classe,
» quatre de deuxième et six de troisième ; encore
» faut-il les partager avec les graveurs en médailles.
» Pour établir l'équilibre entre les récompenses et
» la valeur des ouvrages qui figurent aux Expositions
» de notre époque, pour mettre ces récompenses en
» harmonie avec les progrès qui ont grandi certaines
» branches de l'art jadis négligées, et, pour ainsi
» dire, inconnues, il faudrait doubler le nombre des
» médailles, et, en quelque sorte, les distribuer par
» genre... »

Nous ne savons si nos observations sont parvenues jusqu'à l'Administration, mais, dans tous les cas, nous sommes très-heureux de nous rencontrer d'intention avec elle, de voir que cette année elle a *presque* doublé le nombre des médailles pour la peinture et la sculpture.

La cérémonie de la distribution des récompenses aux artistes figurant à l'Exposition de 1861 a eu lieu aujourd'hui mercredi, 3 juillet, à deux heures, au palais de l'Industrie, sous la présidence de S. Exc. le comte Walewski, ministre d'Etat.

Son Excellence, accompagnée de M. le comte de Nieuwerkerke, directeur général des musées impériaux, intendant des beaux-arts de la maison de l'Empereur ; de M. Eugène Marchand, conseiller d'État, secrétaire général du ministère; de M. Courmont, chef de la division des beaux-arts; de M. le marquis de Chenevières, conservateur adjoint des musées impériaux, chargé du musée du Luxembourg et des expositions, est allée se placer sur une estrade d'honneur élevée dans le grand salon carré de l'Exposition, au-dessous du grand tableau de la *Bataille de Solférino.*

Les membres du jury étaient assis de chaque côté de l'estrade. Tout près se tenaient plusieurs personnes de distinction, parmi lesquelles on remarquait S. Exc. le comte de Morny. Les personnes munies de lettre d'invitation et les artistes étaient groupés dans le salon.

M. le comte de Nieuwerkerke ayant déclaré la séance ouverte, S. Exc. le ministre d'État a prononcé le discours suivant :

« Messieurs,

» Je viens me féliciter avec vous des grands progrès que constate le Salon de cette année.

» N'hésitons pas à le dire publiquement, nos expositions de peinture et de sculpture comptent parmi nos plus justes sujets d'orgueil. Si l'exposition en France a toujours eu ce caractère d'hospitalité qui tient à l'esprit même de la nation, depuis 1855, on peut affirmer qu'elle n'a plus cessé d'être véritablement universelle. L'Europe entière s'en occupe et l'attend. Toutes les cités, tous les Etats envoient ici leurs peintres et leurs statuaires comme à un concours général.

» Marbres et tableaux y viennent de tous les continents. Ils veulent y être vus et comparés. Ils veulent y disputer les prix que décerne la France et que sa loyale impartialité ne refusera jamais au talent, quelle que soit sa nationalité.

Ils arrivent en foule. Ils partagent nos galeries, s'accoutument à trouver leur place. Ils grossissent notre livret, qui est devenu le catalogue général des œuvres artistiques, et retournent attester chez eux que le chef-lieu de l'art universel est à Paris... Pourquoi ce privilége?... Il semblerait qu'il a été donné à la France d'hériter des grandes races classiques, et qu'après avoir succédé, dans une certaine mesure, à la Grèce par la gloire de son théâtre, à l'ancienne Rome par celle de ses victoires, par la splendeur de ses monuments, par l'autorité de sa langue si généralement répandue, elle devait encore succéder à la renaissance italienne par l'éclat de ses écoles de peinture et sculpture.

» Oui, la France est aujourd'hui la nation qui enseigne et qui donne aux autres la théorie avec l'exemple.

» Comparez et dites où sont les écoles fréquentées, la prévoyante organisation, la ferme et indulgente discipline des études, le soin paternel de l'autorité qui reconcilie sans cesse, en les protégeant toutes deux, la tradition et l'invention, la règle et le progrès, l'école et l'originalité.

» Tant de nobles et vives émulations venues du dehors, tant de légitimes renommées qui se groupent autour de l'exposition française constatent sa prééminence. J'en appelle à ceux qui ont parcouru cette longue suite de salles, qui se sont sentis arrêtés à chaque pas devant une œuvre intéressante et nouvelle, qui ont vu les aspirations les plus diverses. — pas toujours irréprochables, d'une pureté et délicatesse parfois douteuses, — mais partout l'intelligence étendue et pénétrante, l'harmonie des couleurs, la perfection dans tous les genres de paysage, les jeunes recrues marchant du même pas que les soldats aguerris, les femmes rivalisant d'études avec les hommes, et celles qui sont sur les marches du trône ne dédaignant pas de descendre dans la lice, tant d'efforts couronnés de succès et tant de mains habiles, que j'ai dû augmenter le nombre de médailles pour ramener la proportion entre celui des exposants et celui des récompenses.

» Je me suis demandé plus d'une fois si c'était bien-là tout ce qu'il y avait à faire... Une question délicate s'était présentée dès l'abord : Faut-il encourager, faut-il décourager cette foule tumultueuse qui se précipite dans toutes les avenues de l'art libre, aiguillonnée par la jeunesse et la chimère? En multipliant les prix de la lutte, ne faut-il pas également ouvrir les portes de l'exposition, abaisser les barrières et laisser directement arriver l'artiste devant son juge suprême, le public?

»J'ai entendu invoquer les libertés de l'art, l'égalité, les droits de l'invention et du génie méconnu. Mon premier mouvement me portait naturellement vers ceux qui allèguent ces intérêts sacrés. Mais la réflexion m'a arrêté; j'ai pensé que ce serait compromettre les véritables intérêts de l'art que de se laisser prendre à ces décevantes amorces. — L'exposition, telle qu'elle est, n'est-elle pas assez considérable? pourrait-on l'étendre sans fatiguer l'attention et la curiosité du public? Une exposition illimitée, enfin, ne perdrait-elle pas tout son prestige?...

» Il y a plus : écrivons pour un moment sur la porte de ce palais de l'Industrie : « Tout peintre, tout sculpteur, tout graveur a le droit d'être admis... » Mais où commence le peintre, le graveur, le statuaire? A quel instant prennent-ils leur titre? Si chacun est libre d'en décider à sa guise, toutes les fausses vocations se décernent immédiatement leur brevet, toutes les erreurs de l'enfant et du vieillard se produisent au grand jour. L'exposition n'est plus un sanctuaire où les hommes d'élite prennent leur rang, où les œuvres de choix sont à leur place, où, enfin, le goût vient s'épurer au spectacle du beau...

»N'oublions pas, messieurs, que le goût est un bien inappréciable dont on doit se préoccuper avant toutes choses et qu'on ne saurait abandonner au hasard. Il faut s'efforcer de le diriger, de le soutenir, de l'élever sans cesse. — Ce serait une grave erreur de croire que, insaisissable de sa nature, le goût poursuit sa marche capricieuse et indépendante, rebelle à toute impulsion !... Soumis à la règle commune, il subit l'influence de ce qui l'entoure, et c'est un devoir pour ceux qui ont mission de veiller au mouvement des lettres et des arts, de lutter courageusement contre ses écarts, en vouant un culte exclusif à ce qui élève l'âme, à ce qui ennoblit la nature humaine, — en renversant sans merci les autels des faux dieux, lors même qu'ils sont soutenus par une popularité éphémère et encensés par un public égaré.

» Le goût est à la France industrieuse et pacifique ce qu'est l'honneur à la France militaire.

» Il fait partie du charme et de la grandeur de la nation, il est le cachet qu'elle met sur toutes ses œuvres. C'est par lui que nos arts, notre littérature, notre industrie marchent incessamment à la conquête du monde ; c'est par lui que la conquête de la civilisation de l'Occident porte le caractère de la civilisation française.

» A quoi tient cette autorité du goût français, à quoi tiennent cette grâce et cette délicatesse partout répandues ? A un don sans doute, mais aussi à ce commerce intime dans lequel vivent les arts, à cette lumière qui se communique entre les esprits, à cette éducation des yeux, à ce spectacle sans fin d'objets de luxe et de curiosité, qu'offre de toutes parts une ville comme Paris.

« Rendons hommage à la pensée qui préside à tous les miracles d'édilité que nous voyons s'accomplir devant nous : que les rues s'élargissent, que les monuments se dressent ; que les jardins et les parcs se multiplient, que Paris s'emplisse d'arbres et de fleurs comme les cités antiques ; — mais que les musées ne restent pas en arrière, que les expositions continuent à élever leur niveau et pour cela qu'elles soient plus choisies, en étant plus restreintes s'il le faut ; que la gloire des arts continue à s'accroître, et tout le monde y trouvera son compte de quelque façon qu'on veuille l'entendre. Depuis bientôt deux siècles l'Europe est tributaire de nos lettres ; qu'elle le soit de notre peinture, de notre sculpture ;.... que nos tableaux, nos statues pénètrent partout où nos livres les ont devancées. »

» Vous êtes, messieurs, dans une bonne voie pour atteindre ce but ; comptez que les encouragements ne vous manqueront pas. Jamais le Pouvoir, c'est la Couronne que je veux dire, n'a mieux compris la protection des arts et ne l'a pratiquée avec une plus affectueuse sympathie.

» Jamais le Souverain ne l'a exercée à la fois de plus haut ni de plus près. Pour protéger, pour encourager efficacement, il ne suffit pas d'acheter des œuvres d'art, il faut s'y intéresser, les voir, les apprécier, les choisir soi-même...

» Avant que l'exposition fût ouverte au public, l'Empereur et l'Impératrice avaient déjà voulu la visiter ; plus tard ils ont voulu y revenir et ils y ont passé des heures entières ; avec quelle bienveillante curiosité, je puis vous le dire, et j'ajouterai qu'il eût été bien flatteur pour plusieurs d'entre vous de recueillir le jugement de l'Empereur et les gracieuses paroles de l'Impératrice.

» Je puis vous dire aussi que partout où Leurs Majestés ont rencontré le talent, elles ont voulu savoir son nom, connaître l'artiste comme son œuvre; que vous êtes, la plupart, dans leur souvenir; que si l'on a souvent cherché le moyen de protéger les arts, elles ont naturellement trouvé le meilleur, qui est de les aimer.

» Marchez donc hardiment, messieurs, ayez confiance et espoir. Ne vous laissez pas détourner par ces plaintes banales qui se répètent sans cesse et qui ne doivent pas être le souci des forts, parce qu'elles sont la consolation des vaincus... Si l'on vous dit que le temps n'est pas bon pour les arts et que le veau d'or est le seul Dieu de ce siècle... regardez la foule qui se presse autour des ventes publiques, écoutez les prix merveilleux des gravures, des tableaux, des curiosités de tout genre... et s'il se fait quelque part, à coups de dés, une fortune rapide, ne l'enviez pas... ne vous irritez pas... elle viendra à vous pour être légitime... Jadis elle eût acheté des parchemins; elle achète aujourd'hui des tableaux; c'est aux arts qu'elle demande ses titres de noblesse. »

Ce discours a été chaleureusement accueilli par tous les artistes présents à cette cérémonie, et salué par une triple salve d'applaudissements.

Ces nobles paroles sont venues mettre un terme à cette croisade d'une partie de la presse, et confirmer avec autorité tout ce que nous avons dit pour la défense de l'art moderne et pour démontrer la supériorité de l'école française.

Ensuite, M. le comte de Nieuwerkerke, prenant les ordres de M. le ministre d'Etat, a donné lecture du décret impérial qui confère des décorations aux artistes dont les œuvres ont figuré à l'Exposition de cette année, et qui est ainsi conçu :

NAPOLÉON, etc.,

Sur la proposition de notre ministre d'Etat,

Avons décrété et décrétons ce qui suit :

Art. 1er. Sont promus ou nommés dans notre ordre impérial de la Légion-d'Honneur :

Au grade d'officier. — MM. Bellangé (Joseph-Louis-Hippolyte), peintre d'histoire; Cavelier (Pierre-Jules), statuaire.

Au grade de chevalier. — *Artistes étrangers.* — MM. de Knyff (Alfred), peintre de paysage; Rudakowski (Henri), peintre d'histoire; Heilbuth (Ferdinand), peintre de genre; Stevens (Joseph), peintre d'animaux.

*Artistes français.* — MM. Vauchelet (Théophile), peintre d'histoire); Baudry (Paul-Jacques-Aimé), peintre d'histoire; Pichon (Pierre-Auguste), peintre d'histoire; Fortin (Charles), peintre de genre; Breton (Jules-Adolphe), peintre de paysage; Antigna (Jean-Pierre-Alexandre), peintre de genre; Guillemin (Alexandre-Marie), peintre de genre; Mène (Pierre-Jules), sculpteur; Maillet (Jacques-Léonard), sculpteur; Lassalle (Emile), lithographe.

Puis, M. le comte de Nieuwerkerke a lu, dans l'ordre suivant, la liste des récompenses décernées par le jury d'admission :

## Récompenses accordées par le jury à la suite du Salon de 1861.

### SECTION DE PEINTURE.

*Médaille d'honneur.* — M. Pils (Isidore-Alexandre-Augustin.)

*Rappel des médailles de 1re classe.* — MM. Breton (Jules-Adolphe), Pichon (Pierre-Auguste), Fortin (Charles), Mlle Sarazin de Belmont (Joséphine-Louise), MM. Baudry (Paul-Jacques-Aimé), Vauchelet (Théophile).

*Médailles de 1re classe.* — MM. Bonheur (Auguste), Belly (Léon), Timbal (Louis-Charles), Quantin (Jules), Laugée Désiré-François), Hillemacher (Eugène-Ernest).

*Rappel des médailles de deuxième classe.* — MM. Tissier (Ango), Brion (Gustave), Reignier (Jean), Van Moor (Jean-Baptiste), Courbet (Gustave), Curzon (Paul-Alfred de), Fontenay (Alexis de), Gude (Hans), Verlat (Charles), Lanoue (Félix-Hippolyte), Heilbuth (Ferdinand), Rigo (Jules-Alfred), Janmot (Louis), Richomme (Jules), Van Muyden (Jacques-Alfred), Lafond (Alexandre), Lenepveu (Jules-Eugène), Mme Desportes (née Emma-Beuzelin).

*Médailles de deuxième classe.* — MM. Toulmouche (Auguste), Bonnat (Léon-Joseph-Florentin), Merle (Huges), Achenbach (Oswald), Deneuville (Alphonse), Schutzenberger (Louis-Frédéric), Desjobert (Louis-Remi-Eugène), Caraud (Joseph), Mme Browne (Henriette), MM. Cermak (Jaroslaw), Pavis de Chavannes (Pierre), Chazal (Charles-Camille).

*Rappel des médailles de troisième classe.* — MM. Baudit (Amédée), Brendel (Albert), Devilly (Théodore-Louis), Dumas (Michel), Knyff (Alfred de), Kuwasser (Carl-Joseph), Mazerolles (Joseph-Alexis); Mlle Thévenin (Rosalie); MM. Vignon (Henri-François-Jules de), Viollet Leduc (Adolphe-Etienne), Couturier (Philibert-Léon), Luminais (Evariste), Fichel (Eugène), Ginain (Eugène), Gratia (Charles-Louis), Faivre-Duffer (Louis-Stanislas); Mme Monvoisin (née Dominica-Festa); MM. Lecointe (Charles-Joseph), Berchère (Narcisse).

*Médailles de troisième classe.* — MM. Winne (L. de), Bertrand (James), Beaucé (Jean-Adolphe), Gide (Théophile), Magaud (Dominique-Antoine), Clément (Félix), Poncet (Jean-Baptiste), Aubert (Ernest-Jean), Desgoffe (Blaise), Jacques (Charles-Émile), Tourecy (Joseph), Duverger (Théophile-Emmanuel), Madarasz (Victor de), Michel (Charles-Henri), Armand-Dumaresq (Charles-Edouard), Patrois (Isidore).

*Mentions honorables.* — Mmes Albuféra (la duchesse d'), Aizelin (née Sophie Berger); MM. Appian (Adolphe), Axenfeld (Henri), Benoist (Philippe), Berthelemy (Pierre-Emile), Bin (Jean-Baptiste-Philippe-Emile), Boulard (Auguste), Bourbon-Leblanc (Louis-Gabriel), Brandon (Jacob-Emile-

**Edouard), Brest (Fabius), Brongniart (Edouard), Cabane** (Nemorin), Castan (Georges), Chaigneau (Ferdinand), Castelli (Alexandre), Castiglione (Joseph), Cavaillé (Paul), Clère (Jacques-François-Camille), Cœdès (Louis-Eugène); Mmes Cool (Delphine de); MM. Cornilliet (Jules), Coubertin (Charles de), Crauk (Charles-Alexandre), Crétineau-Joly (Charles-Ludovic), Decaen (Alfred-Charles-Ferdinand), Doré (Gustave-Paul), Doze (Jean-Marie-Melchior), Durangel (Léopold), Dutilleux (Constant), Fanart (Antonin), Faure (Eugène), Felon (Joseph), Ferrandiz (Barnado), Flehaut (Léon), Gautier (Amand), Gelibert (Jules), Genty (Emmanuel), Giacomotti (Félix-Henri), Girondon (Alphonse), Gordigiani (Michel), Gôse (Jean-François), Gouézou (Joseph), Grisée (Louis-Joseph); Mlle Guimard (Louise-Eudes de); MM. Hanoteau (Hector), Henaut (Louis-Casimir), Housez (Gustave), Imer (Édouard), Israëls (Joseph); Mme Jerichau (Élisabeth); MM. Joannuin (George), Jourdan (Adolphe), Jundt (Gustave), Kwiathowski (Théophile), Lambron (Albert), Laville (Eugène), Layraud (Fortuné-Séraphin), Leclaire (Léon-Louis), Lefebvre (Jules-Joseph), Lefortier (Henri), Legros (Alphonse); Mme Lehaut (née Mathilde Bonnel de Longchamps); MM. Leman (Jacques-Edmond), Lemmens (Emile), Lepec (Charles), Leveau (Alphonse), Levolle (Henri), Liès (Joseph), Lix (Frédéric-Théodore), Lobrichon (Timoléon), Loyer (Stanislas-Auguste), Maillot (Théodore-Nicolas-Pierre), Manet (Edouard); Mme Marielle (Adèle); M. Martin (Stephen); S. A. I. Mme la princesse Mathilde; Mlle Morin (Eugénie), MM. Moulignon (Léopold de), Mussili (Wenceslas), Muller (Karl); Mme Peyrol (née Juliette Bonheur); MM. Pezous (Jean), Pichat (Olivier), Protais (Paul-Alexandre), Reynaud (François), Richard-Cavaro (Charles), Riedel (Auguste), Ronot (Charles), Rousseaux (Alfred-Emile), Sain (Edouard-Alexandre), Salmon (Théodore), Saloman (Geskel); Mme Schneider (née Félicie-Fournier); MM. Sieffert (Louis-Eugène), Sirouy (Achille), Soumy (Joseph-Paul-Marius), Thomas (Félix), Thoren (Otto von), Tissot (James), Verschuur (Wouterus), Veyrassat (Jules-Jacques), Vienot (Edouard), Viot (Antoine), Waldorp (Antoine), Washington (Georges), Weber (Alexandre-Th.), Wyld (William), Zo (Ac.), Zuber Bühler (Fritz).

## SECTION DE SCULPTURE.

*Rappel des médailles de 1re classe.*— MM. Debay (Auguste), Moreau (Mathurin), Mène (Pierre-Jules).

*Médailles de 1re classe.* — MM. Thomas (Gabriel-Jules), Crauck (Gustave-Adolphe-Désiré), MM. Schœnewerk (Alexandre), Cabet (Jean-Baptiste-Paul).

*Rappel des médailles de 2e classe.* — MM. Leharivel-Durocher (Victor), Gaston-Guitton (Victor-Edouard), Merley (Louis).

*Médailles de 2e classe.* — MM. Aizelin (Eugène), Iselin (Henri-Frédéric), Delorme (Jean-André), Fabisch (Joseph), De Conny (le baron Julien-Edouard), Oliva (Alexandre).

*Rappel des médailles de 3e classe.*— MM. Travaux (Pierre), Varnier (Henri), Simyan (Victor-Étienne), Perrey (Aimé-Napoléon), Ponscarme (François-Joseph-Hubert), Rouillard Pierre-Louis).

*Médailles de 3e classe.* — MM. Vidal (Louis-Navateldit), Carrier-Belleuse (Albert-Ernest), Fesquet (Jules), Dufresne (Alexandre-Henri), Valette (Jean), Felon (Joseph), Franceschi (Jules), Lavigne (Hubert).

*Mention honorables.* — MM. Barrias (Louis-Ernest), Bartholdi (Frédéric-Auguste), Brun (Henri), Brunet (Eugène-Cyrille), Cambos (Jules), Chatrousse (Émile), Chenillion (Jean-Louis), Chevalier (Hyacinthe), Dantzell (Joseph), Doublemard (Amédée-Donatien), Dubois (Alphée), Galbrunner (Paul-Charles), Geoffroy (Adolphe-Louis-Victor), Godin (Eugène-Louis), Jacques (Napoléon), Magniant (Jacques-Henri), Maître (Abel), Maniglier (Henri-Charles), Maurette (Henri), Maridor (Antoine-Amand), Moulin (Julien-Hippolyte), Moreau (François-Clément), Moreau (Edme-Augustin-Jean), Papillon (Désiré-Gustave), Protheau (François), Robinet (Pierre), Roubaud (François-Félix), Sanzel (Félix), Steenackers (François-Frédéric), Steinhauser, Texier (Ernest-Jean), Waagen (Arthur).

SECTION D'ARCHITECTURE.

*Médaille de 1re classe.* — M. Hénard (Antoine-Julien).

*Médailles de 2e classe.* — MM. Devrez (Désiré-Henri-Louis), Boileau père (Louis-Auguste), et Boileau fils (Louis-Charles).

*Médailles de 3e classe.* — MM. Trochu (François-Jules), Kohler (Henri), Dominique (Michel).

*Mention honorable.* — M. Bénard (Paul).

SECTION DE GRAVURE ET LITHOGRAPHIE.

*Rappel des médailles de première classe.*—MM. Desmaisons (Pierre-Émile), lithographe; Lassalle (Émile), lithographe.

*Médailles de première classe.* — M. Girardet (Édouard).

*Rappel des médailles de deuxième classe.*—MM. Bal (Joseph), Eickens (Philippe-Hermann), Girard (Alexis-François), Girardet (Paul), Mandel (Edouard), Nanteuil (Célestin), lithographe.

*Médailles de deuxième classe.* — MM. William (Edouard). Bellay (Paul-Alphonse), Laurens (Jules-Joseph-Augustin), lithographe.

*Rappel des médailles de troisième classe.* — MM. Deroy (Isidore-Laurent), lithographe; Joubert (Ferdinand), Jouannin (Auguste-Adrien), Jacques (Charles-Emile), Sirouy (Achille), lithographe; Varin (Amédée).

*Médailles de troisième classe.* — MM. Bertinot (Gustave-Nicolas), Ballin (John), Desvachez (David-Joseph), Schneider (Louis-Amable).

GRAVURE D'ARCHITECTURE,

*Rappel des médailles de deuxième classe.*—MM. Huguenet (Jacques-Joseph), Gaucharel (Léon).

*Rappel des médailles de troisième classe.* — M. Guillaumot (Auguste-Alexandre).

*Médailles de troisième classe.* —MM. Soudain (Alexandre), Varin (Pierre-Adolphe).

*Mentions honorables.* — MM. Allais (Prosper-Paul-Ernest),

Barthelmess, Charpentier-Bosio (Amédée), lithographe: Collette (Alexandre), lithographe; Danguin (Jean), Desjardins (Imard-Louis-Joseph), Durand (Joseph), Félon (Joseph), lithographe; Fleishmann (Jean-Jacques), Goutière (Tony), Lallemand (Armand-Joseph), Lehmann (Auguste), Lehnert (Pierre-Grédéric), lithographe; Van Loo (Florimond), Normand (Charles-Victor), Pannemaker (Adolphe), Péronaud (Melchior), Pirodon (Eugène), lithographe; Portier (Adolphe-Louis), Regnault (Thomas-Casimir), Rochebrune (Octave de), Schmidt (Léopold), Sorrieu (Frédéric), lithographe; Sulpis (Jean-Joseph); Mme Tubeuf, (née A. Blanchard).

Cette longue liste de récompenses a souvent été interrompue par des applaudissements partis de tous les coins de la salle, applaudissements qui saluaient quelques-uns de ces noms qui sont l'honneur de l'école moderne et l'espoir de l'avenir artistique de la France. Ainsi, la croix d'officier de la Légion-d'Honneur donnée à MM. Bellangé et Cavelier, celle de chevalier à MM. Mène, Breton, Lasalle, ont été ratifiées par une véritable ovation.

Les médailles de MM. Pils, Bonheur, Belly, Mme Henriette Browne, pour la peinture; de MM. Gustave Crauck, Thomas, Schœnewerk, pour la sculpture, ont été accueillies avec un enthousiasme général, et les noms de quelques artistes moins favorisés du jury, tels que ceux de MM. Brion, Courbet, Baudit, Luminais, ont trouvé dans la sympathie qui répondait à leur mention une juste compensation à la modestie inattendue de la récompense qui leur était décernée.

Du reste, l'impression générale a été très satisfaisante, et les décisions du jury ont été *presque* toutes accueillies comme l'expression du sentiment de la majorité des artistes et des amis des arts. En effet, les noms les plus humbles comme les plus augustes qui ont été proclamés avaient été désignés par l'opinion publique avant de l'être par l'impartialité du jury.

Une seule objection sérieuse circulait dans l'assemblée : Pourquoi une simple mention honorable à M. Gustave Doré ? Le talent et la grande réputation de cet artiste semblait devoir le placer au-dessus d'une semblable récompense, et ne pouvant lui donner une médaille de deuxième ou de troisième classe, n'eût-il pas été plus convenable de passer son nom sous silence, et d'attendre une autre Exposition pour lui accorder une récompense plus en harmonie avec sa renommée bien acquise ?

Paris. — Typ. de Dubois et Edouard Vert, r. N.-D.-de-Naz., 29.

www.ingramcontent.com/pod-product-compliance
Ingram Content Group UK Ltd.
Pitfield, Milton Keynes, MK11 3LW, UK
UKHW012047240726
13965UKWH00003B/1117